MW01092696

Oír la voz de Dios es un arte aprendido, no un don. No conozco una mejor forma de aprender este arte que reflexionando en las palabras del Espíritu Santo a una oidora experimentada como Jennifer. A medida que prestas tu oído para escuchar y dispones tu corazón para recibir, también aprenderás a reconocer la voz de tu fiel maestro y amigo, el Espíritu Santo.

—Dutch Sheets
Pastor principal, Freedom Church
Colorado Spring, Colorado

No pasa un solo día que no tenga que hablar con el Espíritu Santo, ya sea en mi lenguaje natural o en mi lenguaje de oración. Nuestras conversaciones son profundas, personales y llenas de promesas. Él me promete que nunca me dejará, y camina conmigo a través de las pruebas y tentaciones, a través del gozo y la tristeza. Te animo a que lo invites a cada área de tu vida, y verás la diferencia. *Cada mañana con el Espíritu Santo* te provee recordatorios rápidos de cómo el Espíritu Santo anhela morar dentro de ti diariamente.

—Dra. Marilyn Hickey
Presidenta y fundadora,
Marilyn Hickey Ministries

En *Cada mañana con el Espíritu Santo*, Jennifer LeClaire nos ofrece una vislumbre de la intimidad con Dios que es posible aun hoy en día. Él anhela tener una relación profunda y personal con todos los creyentes, porque se deleita en nosotros. Este devocionario inspirador te animará a caminar con Él, hablar con Él y amarlo a Él con todo tu corazón, mente, alma y fuerzas.

—MIKE BICKLE
DIRECTOR, INTERNATIONAL HOUSE OF
PRAYER, KANSAS CITY

¿Deseas comenzar cada día con una palabra ardiente en tu corazón y aplicar el resplandor del Espíritu Santo sobre tu vida? Entonces, ¡no busques más! Las palabras inspiradoras de Jennifer LeClaire son para ti. Comienza tu primer día del resto de tu vida de manera correcta.

—DR. JAMES GOLL
ENCOUNTERS NETWORK, PRAYER STORM,
GET eSCHOOL, AUTOR DE ÉXITOS
DE VENTAS INTERNACIONALES

CADA MAÑANA

CON EL

Espíritu
Santo

JENNIFER LeCLAIRE

CASA
CREACIÓN

La mayoría de los productos de Casa Creación están disponibles a un precio con descuento en cantidades de mayoreo para promociones de ventas, ofertas especiales, levantar fondos y atender necesidades educativas. Para más información, escriba a Casa Creación, 600 Rinehart Road, Lake Mary, Florida, 32746; o llame al teléfono (407) 333-7117 en Estados Unidos.

Cada mañana con el Espíritu Santo
por Jennifer LeClaire
Publicado por Casa Creación
Una compañía de Charisma Media
600 Rinehart Road
Lake Mary, Florida 32746
www.casacreacion.com

A menos que se indique lo contrario, el texto bíblico ha sido tomado de la versión Reina-Valera © 1960 Sociedades Bíblicas en América Latina;

© renovado 1988 Sociedades Bíblicas Unidas.
Utilizado con permiso.

Traducido por: LM Editorial Services
Diseño de la portada: Lisa Rae McClure
Director de diseño: Justin Evans

Copyright © 2015 por Casa Creación
Todos los derechos reservados

Visite la página web de la autora:
www.jenniferleclaire.org

Library of Congress Control Number: 2015952275
ISBN: 978-1-62998-822-1
E-book ISBN: 978-1-62998-838-2

Originally published in the U.S.A. under the title:
Mornings With The Holy Spirit
Published by Charisma House, A Charisma Media
Company, Lake Mary, FL 32746 USA
Copyright © 2015
All rights reserved

Impreso en Colombia
15 16 17 18 19 * 5 4 3 2 1

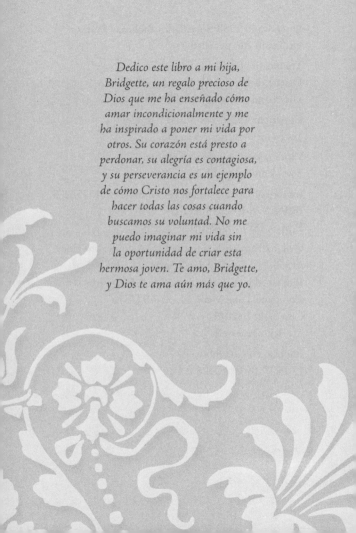

Dedico este libro a mi hija,
Bridgette, un regalo precioso de
Dios que me ha enseñado cómo
amar incondicionalmente y me
ha inspirado a poner mi vida por
otros. Su corazón está presto a
perdonar, su alegría es contagiosa,
y su perseverancia es un ejemplo
de cómo Cristo nos fortalece para
hacer todas las cosas cuando
buscamos su voluntad. No me
puedo imaginar mi vida sin
la oportunidad de criar esta
hermosa joven. Te amo, Bridgette,
y Dios te ama aún más que yo.

Introducción

$\mathcal{E}$STUVE ALEJADA DE Dios por muchos años antes de rendirme finalmente a su voluntad, pero hay evidencia clara que prueba que su mano estuvo conmigo aun cuando estaba corriendo en la dirección opuesta. De hecho, cuando mi esposo me abandonó en el 1999 con mi bebé de dos años, peleé con Dios y le demandé respuestas a esa injusticia. Él se mantuvo en silencio entonces, pero ahora sé que Él estaba guardándome y protegiéndome. Sus pensamientos hacia mí eran pensamientos de paz y no de mal, para darme un futuro y una esperanza (Jeremías 29:11).

Después que pasaron dieciocho meses de la desaparición de mi esposo, que dejó nuestras vidas en pedazos, fui arrestada por un crimen que no cometí. Enfrentaba cinco años de prisión, una sentencia que habría dejado a mi hija básicamente huérfana. Sin ayuda y sin esperanza, finalmente clamé a Dios, y Él me libró del plan del enemigo que destruiría nuestras vidas. Vistiendo un uniforme anaranjado brillante en la oscuridad de una cárcel del condado, entregué mi corazón a Aquel que me creó, y la paz de Dios que sobrepasa todo entendimiento guardó mi corazón y mi mente en Cristo Jesús (Filipenses 4:7).

Fue en este ambiente, en una cárcel llena de prostitutas, drogadictas, ladronas, y toda clase de criminales violentas, que escuché esa apacible voz de Dios por primera vez. En ese lugar de cautiverio, descubrí que donde está el Espíritu del Señor, allí hay libertad (2 Corintios 3:17). Frente a la imposibilidad, Dios me enseñó que para el que cree todas las cosas son posibles para Él (Marcos 9:23).

Nunca olvidaré mi experiencia. El Espíritu Santo me mostró en la Palabra y habló a mi corazón que sería libre en cuarenta días. Siendo una nueva convertida, no tenía idea que el número cuarenta era un símbolo de prueba y dificultad, pero cada vez que abría mi Biblia, leía algo que evolucionaba alrededor de ese número: los cuarenta años que Moisés vivió en Egipto, los cuarenta años que los israelitas anduvieron en el desierto, la experiencia de Noé con cuarenta días de diluvio, los cuarenta días que Jesús estuvo en el desierto.

Luego de varios días de guiarme sobrenaturalmente a través de la Palabra, el Espíritu Santo me hizo ver claro que yo estaría libre de la injusticia de la prisión en cuarenta días. Parecía imposible, considerando que el juez me había negado la fianza en tres ocasiones, y este mismo juez estaría en vacaciones luego de los cuarenta días de mi cautiverio. Todo lo

Cada mañana con el Espíritu Santo

que puedo decir es: "pero Dios". En el día cuarenta se me pidió que pasara a una celda con otras reclusas. Nunca había sido enjuiciada o convicta por lo que se me acusaba. Nunca antes me había parado delante de un juez terrenal. Gracias a Dios, el juez, Jesucristo, no es un hombre que miente. Fui liberada en el día cuarenta, así como el Espíritu Santo me lo había dicho. Ese fue el comienzo de una hermosa amistad con el Espíritu Santo que había abierto la puerta para que yo recibiera todos sus beneficios: su dirección, su vida, su revelación, su consuelo, su verdad, su gracia, y muchas otras cosas más. ¡El Espíritu Santo es tan fiel! Él nunca deja de hablarle a mi corazón en momentos críticos. Él está presto para advertirme cuando estoy siguiendo el camino incorrecto. Él gentilmente me ofrece la sabiduría que necesito para superar cualquier obstáculo. Y Él siempre tiene una palabra para mí en el tiempo oportuno cuando soy cuidadosa en mantener un oído que escucha y un corazón atento.

Dios ha restaurado mi vida en hermosas maneras, más que compensarme por la injusticia de ser abandonada con una bebé así como haber sido falsamente acusada y llevada a la cárcel. Hoy sirvo como editora en la revista Charisma, una comunicación periódica de vanguardia publicada por una de las compañías de comunicaciones cristianas más grandes del mundo. He sido autora de más de una decena de libros, he ministrado en varias naciones, y aparecido en muchos programas de radio y televisión nacional. Además, dirijo un ministerio de oración floreciente en Fort Lauderdale, Florida. Más importante que nada, tengo una relación especial con mi maravillosa hija, quien ha sobrevivido a las tormentas de la vida conmigo.

A medida que mi relación con el Espíritu Santo se ha desarrollado a través de los años, he aprendido suficiente sobre cómo Él habla y de qué le gusta a Él hablar. Si estás dispuesto a escuchar, no es difícil oírlo a Él. Él se comunica a través de ciertas impresiones, los sueños, las visiones, las circunstancias, la naturaleza, otras personas, y por supuesto, a través de las Escrituras. Sin embargo, la mayoría del tiempo Él habla en esa voz apacible que escuché mientras estuve en la cárcel. Él la usa para tener comunión con nosotros sobre sus temas favoritos: sobre Dios Padre, Jesús, y nosotros.

Al Espíritu Santo le agrada hablar sobre el Padre. A Él le encanta hablar sobre Jesús. A Él le fascina hablar sobre su amor por nosotros; su deleite por nosotros; y su deseo de ayudarnos, enseñarnos, consolarnos, orar con nosotros, darnos poder, y guiarnos a la verdad, acerca de Dios y de nosotros mismos. A Él le gusta sorprendernos en su presencia, le encanta cautivar nuestros corazones en conversación y en adoración.

Me imagino a los discípulos ser sorprendidos cuando Jesús les dijo que era mejor para ellos que Él se fuera, porque a menos que Él ascendiera al Padre, el Espíritu Santo no vendría sobre de ellos (Juan 16:7). Hasta ese punto, los discípulos no tenían una relación con el Espíritu Santo, así que no sabían lo que ellos se estaban perdiendo. Pero Jesús sabía que sin el Espíritu Santo, sus discípulos, incluyéndonos a nosotros, no serían capaces de cumplir el llamado de Dios en sus vidas. Así que Él envió al Espíritu Santo para ser nuestro ayudador, maestro, consolador, abogado, intercesor y nuestra fortaleza. Es Aquel que nos da el poder, quien revela la verdad, y es nuestro vigilante (ver Juan 14-16).

La Biblia confirma que el Espíritu Santo es la tercera persona de la Trinidad, siendo coigual con el Padre y el Hijo (Hechos 5:3-4). Él es el co-creador del universo (Génesis 1:1-3) y el autor de la Escritura (2 Timoteo 3:16). Él es omnipresente (Salmo 139:7-10), omnisciente (1 Corintios 2:9-11), y omnipotente, justo lo mismo que son las otras dos personas (Lucas 1:35; Romanos 15:19). Él es quien hizo sombra sobre María y causó que ella concibiera a Jesús en forma humana (Mateo 1:18; Lucas 1:35), y Él glorificaría a Cristo para siempre (Juan 16:14).

Desarrollar una relación con el Espíritu Santo es importante para aquellos que desean descubrir y cumplir la voluntad de Dios para sus vidas. ¡Él ha hecho tanto por nosotros! Solo dale un vistazo a esta lista. El Espíritu Santo:

+ Nos ama (Romanos 15:30)
+ Nos regenera y renueva nuestra alma (Tito 3:4-5)
+ Nos redarguye de pecado (Juan 16:7-9)
+ Nos enseña (Nehemías 9:20; Juan 14:26)
+ Nos guía a la verdad (Juan 16:13)
+ Nos guía (Romanos 8:14)
+ Nos revela las cosas que Dios ha preparado para nosotros (1 Corintios 2:9-10)
+ Nos habla (Juan 15:26; 16: 13-15; Hechos 8:29; 10:19; 11:12; 13:2; 16:6-7; 1 Timoteo 4:1; Hebreos 3:7; Apocalipsis 2:7, 11, 17, 29; 3:6, 13,22) y habla a través de nosotros (Mateo 10:20; 1 Corintios 12:3; 14:2; Hechos 2:4; 11:28; 21:4,11)
+ Ora a través de nosotros (Romanos 8:26)

Cada mañana con el Espíritu Santo

- Nos transforma a la imagen de Cristo (2 Corintios 3:18)
- Hace que manifestemos su fruto: amor, gozo, paz, paciencia, benignidad, bondad, fe, mansedumbre y templanza, mientras caminamos en el Espíritu en vez de la carne (Gálatas 5:16-23)
- Nos dota con el poder de Cristo (Hechos 1:8)
- Nos da dones espirituales (1 Corintios 12:1-11; Hebreos 2:4)
- Nos unge para el ministerio (Lucas 4:18)

El Espíritu Santo hace todo esto por nosotros y mucho más. Y a pesar de que Él es capaz de hacer que su voz sea oída por cualquiera en cualquier momento, conocerlo a Él de verdad requiere afinar consistentemente nuestro oído para escuchar su voz apacible y seguir su dirección.

Escribí este libro porque estoy consciente de que muchos cristianos que están apasionados por Dios y aman a Jesús con todos sus corazones, mentes, almas y fuerzas, no están familiarizados con el Espíritu Santo. Recibo correos electrónicos de personas de todo el mundo quienes anhelan

tener comunión con el Espíritu de Dios y escuchar
su voz apacible, pero no saben cómo hacerlo o no
creen que ellos puedan. Recibo mensajes de personas desesperadas que anhelan que el Espíritu
Santo les edifique, exhorte, consuele, dirija y guíe.
Algunos no han aprendido a afinar sus oídos a su
voz en medio del caos de la vida. Otros omiten sus
palabras porque no están familiarizados con esa
voz apacible y las cosas que Él dice.

Tanto como quisiera, yo no puedo enseñarles
individualmente cómo aquietar sus almas y oír esa
voz del Espíritu Santo que hablará la verdad trans-
formadora y será una guía práctica para cada día.
Pero a través de este libro, puedo compartir con
muchos de ustedes las palabras inspiradoras que Él
ha hablado a mi corazón con la esperanza de que
ellas no solo te motivarán, pero también te equi-
parán con la exhortación profética y el apoyo de las
Escrituras que necesitas para aferrarte en Dios y satisfacer tu hambre y sed por más de Él.

Este devocionario diario contiene palabras profé-
ticas que el Espíritu Santo ha hablado a mi corazón
día a día mientras paso tiempo con Él. Estas palabras me han animado cuando me he sentido des-
fallecer, me han inspirado para levantarme y pelear
por lo que Cristo ya me ha dado, han conmovido mi

corazón al revelarme el gran amor que nuestro Padre celestial tiene por mí, y mucho más. Oro para que ellas también hablen a tu corazón, activen tu fe, y logren acercarte a oír a Dios por ti mismo. Él desea hablarte personalmente y tener comunión íntima contigo. Mientras lees y reflexionas en las meditaciones diarias, escribe lo que sientes que el Espíritu Santo te está diciendo, más allá de lo que ves en las páginas de este libro. Entonces utiliza tus propias palabras para animar a otros e inspirarlos a pasar tiempo en la presencia de Dios, aprendiendo a escuchar su voz apacible como tú lo haces.

—Jennifer LeClaire

Enero

Y en los postreros días, dice Dios,
Derramaré de mi Espíritu sobre toda carne,
Y vuestros hijos y vuestras hijas profetizarán;
Vuestros jóvenes verán visiones,
Y vuestros ancianos soñarán sueños;
Y de cierto sobre mis siervos y sobre
mis siervas en aquellos días
Derramaré de mi Espíritu, y profetizarán.

—Hechos 2:17–18

Determina seguir tus deseos

Determina seguir tus deseos, porque yo he puesto esos deseos en tu corazón mientras te has deleitado en el Padre. Mientras continúas buscando primeramente el reino y nuestra justicia, dirigiré tus pasos en un camino de luz que te llevará donde ambos queremos que vayas. Separado de Cristo nada puedes hacer, pero tú no estás separado de Cristo. Tú estás en Cristo y Él está en ti. Si tú determinas alcanzar el llamamiento que Él tiene para ti, y depender y confiar en mí para guiarte, nada podrá bajo ninguna circunstancia detenerte.

Salmo 37:4; Mateo 6:33; Proverbios 3:5

⤳ Oración ⤶

Gracias por tu fidelidad a los sueños que has depositado en mi corazón. Dame un corazón determinado para no desviarme a la izquierda ni a la derecha. Ayúdame a mantenerme enfocado en tu voluntad perfecta para mí en este y todos los días.

2 de enero

AMO ESCUCHARTE ORAR

AMO ESCUCHAR TU voz en oración cada mañana cuando despiertas. Es una de mis partes favoritas del día. Cuando te despiertas y comienzas a declarar tu amor por nosotros, conmueve nuestro corazón. Cuando inquieres sobre mí, es mi placer contestarte. Cuando le hablas a mi corazón, es mi gozo hablarle al tuyo. Escucho tu voz aun cuando el ritmo frenético de la vida hace difícil que puedas oírme. Por eso levanta tu voz al Padre en oración. Continúa diciéndome acerca de tus luchas, temores, sueños y victorias. Te escucho.

SALMO 63:1; SALMO 27:4; SALMO 34:15

✦ ORACIÓN ✦

Recuérdame comenzar cada día exaltando tu nombre y levantando mis peticiones al trono del Padre, y ayúdame porque no sé cómo orar como debería. Confío en ti que me ayudarás a tocar el corazón del Padre a través de la oración.

¿QUIÉN DICES QUE SOY?

ESÚS LE PREGUNTÓ una vez a sus discípulos: "¿Y vosotros, quién decís que soy?". Muchas personas sabían que era un gran profeta, pero solo Pedro recibió la revelación de que Él era el Cristo, el hijo del Dios viviente. Ahora, te pregunto, ¿quién dices que soy? Muchas personas ignoran mi obra en sus vidas porque ellos no entienden quién soy. Y aun aquellos que me conocen no siempre están conscientes continuamente de mi presencia ni tienen una revelación profunda de mi amor por ellos. ¿Quién dices que soy? Busca mi corazón, y te mostraré un nuevo nivel de mi fidelidad, mi bondad, y tanto más. Busca mi corazón.

LUCAS 9:18-21; ISAÍAS 11:2; GÁLATAS 5:22-23

⟶ ORACIÓN ⟵

Espíritu Santo, sé lo que Jesús dijo acerca de ti, y he leído sobre ti en la Escritura, pero quiero conocerte más y más, por mi propia experiencia. Quiero experimentar quién tú eres de una manera nueva. Ayúdame a buscar tu corazón y muéstrame más acerca de ti.

4 de enero

MIRA ADELANTE A TU DESTINO

O MIRES HACIA atrás. Yo conozco tus dolores. Conozco tus heridas. Conozco tus decepciones. He visto las traiciones. He visto tus lágrimas. He estado contigo a través del dolor, y estoy aquí para hacer lo correcto. Yo obro en todo, en el dolor, las desilusiones, las traiciones, todas ellas para tu bien porque tú me amas y yo te amo. Te daré belleza en lugar de cenizas. Pero tienes que dejar atrás esas cenizas, para yo poder resucitar en una novedad de vida aquellas cosas que el enemigo trató de robar, matar y destruir.

Recuerda la mujer de Lot. No mires atrás. Tu destino está adelante, y te estoy dirigiendo hacia el cumplimiento de tus sueños.

FILIPENSES 3:12-14; ISAÍAS 61:3; ROMANOS 8:28

⟶ ORACIÓN ⟵

Gracias por tu poder sanador en mi alma. Dame la fortaleza para dejar atrás el pasado e ir en pos de mí llamado supremo en Cristo. Muéstrame cómo hacer el intercambio divino que me dará belleza por cenizas y glorificaré tu nombre.

Cada mañana con el Espíritu Santo

PUEDO HACER MÁS DE LO
QUE PUEDES IMAGINAR

*N*o pongas límites. ¿Te das cuenta que el poder que levantó a Cristo Jesús de entre los muertos reside en ti? ¿Sabes que soy capaz de hacer más, mucho, mucho más, por ti de lo que te imaginas? ¿Sabes que eso es lo que deseo? ¿Creerás en mí de la manera en que creo en ti?

¡No te limites! ¡Sueña conmigo! Deja que tus ojos vean, tus oídos oigan, y tu corazón repose en lo que he preparado para aquellos que amo. Lo mejor está por venir. Solo cree.

Efesios 1:19-20; Efesios 3:20; 1 Corintios 2:9

→ ORACIÓN ←

Tus promesas son gloriosas, y quiero caminar en cada una de ellas. Quiero ver las cosas de la manera como tú las ves. Revélame las cosas que tú has preparado para mí con amor. Aviva mi corazón para seguir tu perfecta voluntad para mi vida.

6 de enero

TU DEBILIDAD NO ME DECEPCIONA

Yo sé que algunos días te sientes débil. ¡Regocíjate! Mi fortaleza se hace perfecta en tu debilidad. Tu debilidad no me sorprende ni me decepciona. Yo sé que no siempre podrás ganar tus batallas internas contra la tentación cuando te atraje a esta relación. Tú eres una obra en progreso, pero puedo ver la obra maestra a pesar de tus fallas. ¡Te veo como un ganador! Te veo a través de los ojos del amor. Te veo a través de la sangre de Jesús. Por eso clama a mí para fortalecerte, y te ayudaré a vencer tus debilidades.

2 Corintios 12:9; Efesios 2:10; Efesios 3:16

→ ORACIÓN ←

Me alegra saber que nada puede separarme de tu amor. Fortaléceme en mi hombre interior para que pueda resistir todas las tentaciones del enemigo. Y ayúdame a verme a mí mismo de la manera en que tú me ves, completo en Cristo.

TE AMO TAL COMO ERES

*N*o TIENES QUE tratar de ser alguien que no eres. Yo te amo de la forma que tú fuiste creado. No te compares con los demás. Yo te he dado dones y talentos únicos, y te he llamado para un tiempo como este. Si permites que la frustración inunde tu corazón, solo entorpeces mi gracia. Así que rechaza las comparaciones. Rechaza las frustraciones. Rechaza la contienda. Acepta quién eres ahora. Muévete adelante a ser la persona que te he llamado a ser, y encontrarás el lugar para ejercer tus dones únicos.

1 Juan 4:8; 2 Corintios 10:12; 1 Corintios 12

✦ ORACIÓN ✦

Tú ves dentro de mí diversas cosas que yo mismo no puedo ver. Ayúdame a no compararme con otros ni ceder a las frustraciones de la vida cotidiana. Ayúdame a descansar en ti en vez de contender. Muéstrame cómo puedo hacer las cosas a tu manera en vez de a mi manera.

¡NO DUDES!

*L*a duda es la entrada para la incredulidad. La duda es la prima del temor y la desconfianza que bloquea el discernimiento. El enemigo quiere que camines en la maldición de la duda. Él desea que estés preocupado día y noche. Pero Jesús vino a redimirte de la maldición. El Padre te ha dado la medida de fe que abre la puerta a sus promesas. Resiste la duda como resistirías al enemigo, y deja que tu fe se aumente mientras meditas en las bendiciones que te he prometido.

GÁLATAS 3:13; ROMANOS 12:3; JOSUÉ 1:8

⇢ ORACIÓN ⇠

Muéstrame cuando la duda está tratando de entrar a mi alma. Dame espíritu de discernimiento para así reconocer los dardos del enemigo que enturbian mi fe con sus mentiras. Me someto a ti. Dame la fuerza para resistir al diablo y así él pueda huir.

NUNCA ES TARDE PARA
COMENZAR DE NUEVO

*N*o importa qué tipo de destrucción el enemigo haya traído a tu vida, tú puedes comenzar de nuevo. El Padre comenzó de nuevo con Noé después de la destrucción del diluvio. Él hizo un pacto con el hombre de que nunca más destruiría la tierra con agua. Y Él hizo un pacto contigo a través de su Hijo. Así que ten paz, sabiendo que cuando el enemigo venga como un río, tu Padre levantará bandera contra él. Y lo que el enemigo causó para hacer daño, tu Padre lo usa para bien. Puedes comenzar de nuevo en mi gracia. Nunca es demasiado tarde para empezar de nuevo en Cristo.

Génesis 9:17; Isaías 59:19; Génesis 50:20

✦ ORACIÓN ✦

Gracias por tu pacto conmigo. Gracias por protegerme de las asechanzas del enemigo. Gracias por darme un nuevo comienzo en Cristo. Úngeme para salir de una temporada vieja y entrar en la nueva que has planeado para mí.

QUIERO AYUDARTE

Sé que es muy difícil para ti, pero no es demasiado difícil para mí. Quiero ayudarte. Soy tu ayudador, y me deleito en estar a tu lado, compartir mi fuerza, mostrarte las cosas que están por venir, y darte las palabras correctas que hablarás. Yo sé que a veces las cosas se ven imposibles y no puedes ver la salida o el final. Pero yo sé cuál es el camino: Su nombre es Jesús. Estoy aquí para dirigirte y guiarte. Por eso, sígueme, y la confusión y el estrés darán paso a la claridad y la paz.

JEREMÍAS 32:27; JUAN 14:26; JUAN 16:13

✦ ORACIÓN ✦

Espíritu Santo, necesito tu paz. Necesito tu fuerza. Necesito tu ayuda. Por favor, ayúdame a ser más sensible a tu dirección en cada giro del camino, e inunda mi alma con la confianza en Cristo y la paz de Dios que sobrepasa todo entendimiento. Estoy dispuesto a seguirte.

YO SOY TU FIEL AMIGO

𝒜UN EN ESOS pequeños momentos cuando piensas en mí, cautivas mi corazón. Tú eres mi fiel amigo, y yo soy tu fiel amigo. Solo tengo ojos para ti, y cuando me miras de la manera que a mí me agrada, mi corazón se emociona. Nuestra comunión es mi deleite. Tu voz es como una dulce melodía en mis oídos. Estoy siempre en tu presencia, y siempre estás en la mía. Juntos, podemos hacer cualquier cosa. Soy tu gracia. Tú eres nuestro amado.

SALMO 17:8; CANTAR DE LOS CANTARES 1:13-16

✦ ORACIÓN ✦

Nunca he conocido a nadie tan hermoso como tú. ¿Me guardarás como la niña de tu ojo? ¿Me esconderás en la sombra de tus alas? Protégeme y guárdame, y me desbordaré de amor por ti. Tú eres digno de todo de mí.

Voy a revelarte a Jesús

ME GOZO EN revelar a Jesús dentro de tu corazón. Él te ama con un amor apasionado. Él siempre está intercediendo por ti al Padre. Y Él siempre tiene una palabra de consuelo y fortaleza para compartir contigo. Quiero que le conozcas de la manera que yo le conozco. ¿Vas a permitirme hacer que lo conozcas más a través de su Palabra? Abre los Evangelios en fe, y derramaré un espíritu de sabiduría y de revelación en el conocimiento de Jesús. Mientras juntos contemplamos su belleza, tú serás transformado a su imagen.

EFESIOS 1:17; SALMO 27:4; 2 CORINTIOS 3:18

✦ ORACIÓN ✦

Tus promesas me abruman, y yo digo: ¡Sí!
Dame la revelación y la sabiduría en el conocimiento de Jesús. Muéstrame tu gloria. Muéstrame tu belleza. Fija mis ojos en tu corazón.
Ayúdame a enfocarme en ti y solo en ti.

PUEDES DECIRME LO QUE SEA

*P*UEDES CONFIAR EN mí. Yo soy tu confidente. Yo soy tu consejero. Puedes decirme lo que sea. Comparte los sueños que Dios te ha dado conmigo, y yo te ayudaré a realizarlos. Comparte tus temores conmigo, y yo te ayudaré a superarlos. Comparte tus peticiones conmigo, y yo te ayudaré a llevarlas al Padre. Puedes confiar en mí. Verte caminar en todo lo que Dios tiene para ti, ayudándote a alcanzar tu destino en Cristo, es parte de mi misión. ¡Estoy a tu lado! Yo estoy contigo, no contra ti.

JUAN 14:26; ROMANOS 8:26; ROMANOS 8:31

✦ ORACIÓN ✦

Necesito tu ayuda más de lo que pensaba. Por favor, escucha mi corazón y ayúdame a descansar y depender en ti como el amante de mi alma. Líbrame del mal, y ayúdame a convertirme en todo aquello por lo cual Jesús murió y resucitó por mí. Ayúdame a confiar más en ti.

Te daré la sabiduría y las estrategias para la victoria

Tal como estuve con Moisés, Josué y David, dándoles el poder de la sabiduría y la revelación, y los libré de la mano del enemigo, así yo estoy contigo. Yo soy el poder que derrota a todos tus enemigos. Habla en contra de tus enemigos espirituales en el nombre de Jesús, y yo haré cumplir su voluntad en contra de tus enemigos, ellos serán vencidos. Yo te daré la sabiduría para todas tus batallas y te revelaré las estrategias para la victoria. Tal como estuve con Moisés, Josué y David, así yo estoy contigo.

Zacarías 4: 6; Salmo 31: 8; Salmo 24: 8

⇒ Oración ⇐

Dame una revelación de tu presencia y un entendimiento del poder del nombre de Jesús que yo pueda pararme firme confiadamente, sin temor, contra las asechanzas del enemigo y ver tu victoria en mi vida. ¡Gracias por la autoridad que me das para usar el nombre de Cristo!

ESTOY ESPERANDO PARA REVELARTE LA VERDAD

*E*STOY MÁS CERCA de lo que piensas. Estoy más cerca de lo que sabes. Siempre estoy contigo, esperando. Estoy esperando por ti para que entables una conversación conmigo. Quiero mostrarte las cosas que vendrán. Yo deseo revelarte más de Jesús y del Padre. Me encanta cuando me haces preguntas porque mi gozo es guiarte a toda la verdad. Estoy aquí. Tengo todo el conocimiento. ¿Qué quieres saber? Pregúntame en fe. Yo te guiaré y te dirigiré a la información y la revelación que tú deseas.

JUAN 16:13; SANTIAGO 1:5; MATEO 7:7

→ ORACIÓN ←

Tú eres el revelador de la verdad y el dador de la sabiduría. ¿Me darás la sabiduría para pedirte lo que realmente necesito saber? Muéstrame que preguntarte, y creceré en tu sabiduría y gozo. Estoy abierto a recibir tu consejo sabio en todas las áreas de mi vida.

PREPÁRATE PARA UNA
NUEVA TEMPORADA

TE HE DADO un don, y yo espero que lo uses. Te has preguntado muchas veces por qué tu don no se ha manifestado aún en ti. Pero, amado mío, debes dar el primer paso y hacer que tu don se ejercite. Debes sacar de ti y echar a un lado aquellas cosas que te están distrayendo de mi mayor propósito para tu vida. Quiero meterte en aguas profundas. Prepárate ahora para una nueva temporada en donde mis dones se manifestarán a través de ti para la gloria de Cristo.

PROVERBIOS 18:16; 1 CORINTIOS 13:11;
HEBREOS 12:1

→ ORACIÓN ←

Quiero glorificar a Cristo con los dones que me has otorgado. Me rindo a tu Espíritu, para que me des a conocer tu camino. Ayúdame a alejarme de cualquier cosa y de todo lo que está distrayéndome de tu amor, presencia y voluntad.

NO PERMITAS QUE LA
GENTE TE DISTRAIGA

Evalúa tu vida. Cuando te tomas el tiempo para reflexionar sobre tus relaciones, se hace fácil ver quién te está apoyando y quién te está distrayendo de hacer la voluntad del Padre. Piensa esto: el enemigo de tu alma está en una misión para obstaculizar tu destino. Él opera, a menudo, a través de personas, a veces incluso de personas que te agradan. El enemigo usa a las personas que no conoces, así como a las personas que están cerca de ti, para desviar tu atención lejos de nuestra voluntad. Ama a las personas. Ellas no saben que el enemigo las está usando. Pero no te dejes engañar. Mantente enfocado en lo que el Padre te ha llamado a hacer.

JUAN 10:10; EFESIOS 5:2; SANTIAGO 1:22

→ ORACIÓN ←

Ayúdame a estar enfocado en ti y en tu voluntad para mi vida, y no en lo que la gente piensa que debería hacer. Por favor, dame el discernimiento para reconocer cuando el enemigo está usando las voces de personas a mi alrededor para que yo me distraiga de tu verdadera dirección.

18 de enero

OLVIDA LO QUE QUEDA ATRÁS

*E*s un nuevo día. Olvida lo que queda atrás, y prosigue hacia lo que Jesús tiene para ti. No dejes divagar tu mente en las personas y los lugares del pasado, no importa lo bueno o malo que haya sucedido. Si intentas seguir adelante mientras miras hacia atrás, tropezarás. Vas a tropezar con la frustración, ya sea porque las cosas no salen como esperabas o porque tus circunstancias actuales no están a la altura de las de tu pasado. No mires atrás. Concéntrate en tu misión en Cristo. Él se encargará del pasado, presente y futuro si mantienes tu mente enfocada en Él.

Filipenses 3:13-14; Isaías 43:19; Efesios 2:10

✦ ORACIÓN ✦

Espíritu Santo, cuando mi mente divague fuera de tu verdad, por favor habla a mi corazón y recuérdame que el pasado quedó en el pasado y el futuro es prometedor. Por favor, dame una vislumbre de lo que se avecina para que pueda proseguir hacia ese llamado supremo de Dios en Cristo Jesús.

Cada mañana con el Espíritu Santo   19

MANTENTE CLAMANDO

A VECES, CUANDO DEFIENDES algo que es correcto, las personas que te rodean te van a llamar un fanático, y decir que estás exagerando. Pero la verdad es la verdad, y estás llamado a proclamarla. A veces, cuando decides seguir a Jesús con todo tu corazón, toda tu mente, toda tu alma, y toda tu fuerza, la gente dirá que eres muy ferviente. Pero el fuego es fuego.

¡Recuerda al ciego Bartimeo! Necesitaba un toque de Jesús, así que en vez de permanecer en silencio cuando el Mesías pasaba, clamó a Él. Las personas a su alrededor le dijeron que se callara, pero él gritó aún más. No dejes de clamar por la verdad. No dejes de llorar por un toque de Jesús. No dejes que nadie te apague el fuego que arde en ti. ¡Nos encanta!

LUCAS 10:27; JUAN 14:6; MARCOS 10:46-52

⭢ ORACIÓN ⭠

Quiero arder y brillar para ti, aun cuando las personas no entiendan mi amor por ti. Ayúdame a compartir tu corazón con la gente que me rodea, para que pueda conocerte como yo te conozco, y así pueda arder y brillar conmigo.

20 de enero

FIJA TU MENTE Y TU CORAZÓN EN JESÚS

SIEMPRE RECUERDA ESTO: Tú estás en el mundo, pero no eres del mundo. Fija tu mente y tu corazón en Jesús, y Él refrescará tu alma. No mires a la derecha ni a la izquierda, porque ahí es donde el enemigo acecha. Puedes buscar a Jesús por el camino estrecho. Espera en Jesús. Confía en Jesús.

El Padre te dio los sueños, las visiones y los deseos de tu corazón, y Él las va a hacer cumplir a su manera, en su tiempo y en su temporada. No te rindas ahora. El enemigo no es rival para aquel que ama a Jesús. Agárrate fuerte de mi corazón otra vez. Yo no te defraudaré.

JUAN 17: 16-26; HEBREOS 12:2; SALMO 37:4

→ ORACIÓN ←

*Haz que me enfoque como un rayo láser
en tu voluntad para que las distracciones
que vienen del mundo y del enemigo de
mi alma no me muevan. Enséñame a confiar en ti y en tu tiempo por aquellas cosas
buenas que tienes planeadas para mí.*

PÍDEME SABIDURÍA PARA ESTABLECER LÍMITES

*L*AS PERSONAS TE empujarán hasta el punto de agotamiento absoluto si tú las dejas. No es su intención, pero no tienes que dejar que lo hagan. Algunas personas siempre quieren más, más, más y más, y no se dan cuenta de que no tienes nada más que dar, a menos que se lo dejes saber. Necesitas dar a conocer solamente aquello que te damos para compartir.

Si no estableces límites en tu vida, llegarás a estresarte y agotarte hasta el punto de quemarte. Pero aíslate tú mismo en mi presencia, y encontrarás refrigerio y restauración para tu alma cansada. Tengo la sabiduría que necesitas para establecer los límites apropiados en tu vida. Solo pídemela.

LUCAS 5:15-16; MATEO 5:37; MATEO 11:28

⚜ ORACIÓN ⚜

Mi corazón está en ayudar a la gente, pero a veces me fatigo por no pedírtelo a ti primero. Recuérdame reconocerte a ti antes de hacer un compromiso, para así no quemarme y terminar resintiendo a la gente que deseo ayudar de corazón. Enséñame a decir no cortésmente.

NO TE DESANIMES CUANDO ENCUENTRES RESISTENCIA

CUANDO ENFRENTES OPOSICIÓN tratando de caminar a través de la puerta a las promesas del Padre, no te sientas frustrado o desanimado. Cuando te encuentras con la resistencia, por lo general significa que estás en el camino correcto. Hay poca resistencia en el camino ancho. Pero el camino estrecho está lleno de presión: la presión a morir al yo para hacer lo que es correcto y la presión del enemigo para hacerte volver al camino ancho. Puedo mostrarte cómo encontrar la puerta de las promesas del Padre. Luego te corresponde a ti tocarle a la puerta y seguir tocando. El Padre seguramente abrirá la puerta en el tiempo señalado.

MATEO 7:13-14; MATEO 16:24; MATEO 7:7

→ ORACIÓN ←

Muéstrame tus caminos y ayúdame a caminar en ellos. Dame un espíritu perseverante que se niegue a retroceder frente a la oposición de tu voluntad para mi vida. Yo confío en que me llevas y me guías, y abres las puertas correctas en el momento correcto.

RENUEVA TU MENTE

*E*scucha tu diálogo interno. ¿Qué estás diciéndote a ti mismo acerca de tus circunstancias? Si prestas mucha atención, te darás cuenta de que no es la circunstancia que te tiene en un manojo de nervios, es la forma en que percibes la circunstancia.

Renueva tu mente para que veas las cosas de la forma en que yo las veo. Mira a través del lente de la Palabra y no permitas que las mentiras del diablo se arraiguen en tu alma. Como un hombre piensa en su corazón, así es él. ¿Qué estás pensando en tu corazón? ¿Cómo eso se alinea con la Palabra de Dios? Velo por ti mismo.

Proverbios 23:7; Romanos 12:2; Filipenses 4:8

→ ORACIÓN ←

Perdóname por mirar las circunstancias en lugar de mirar a tus promesas, y ayúdame a renovar mi mente con tu Palabra. Quiero que mi vida de pensamiento te glorifique. Quiero ver las cosas de la manera que tú las ves. Por favor, ayúdame hoy y todos los días.

ENTRA EN MI REPOSO

ESCANSA EN MÍ. Sí, entra en mi reposo. Así como crees que soy galardonador de los que diligentemente me buscan, que mi Palabra no volverá a mí vacía, sino que hará lo que le envié a hacer, y que yo soy fiel aun cuando tú eres infiel, cuando crees todo esto al enfrentar cualquier situación, tú entrarás en mi reposo, y la paz que sobrepasa todo entendimiento inundará tu corazón y alma. Hay descanso para el cansado. Y tú estás en medio de Aquel que te invita a entrar en su reposo. ¿Aceptarás mi invitación?

HEBREOS 11:6; ISAÍAS 55:11; 2 TIMOTEO 2:13

✦ ORACIÓN ✦

Sí, acepto tu invitación a entrar en tu descanso.
Por favor, muéstrame cómo sacudir los pensa-
mientos de temor y duda que están nublando
la verdad en mi mente. Yo creo que tú eres
fiel y que tu Palabra es la verdad. Ayúdame
a aplicarla a mi vida y caminar en tu paz.

ESTOY COMPROMETIDO CONTIGO

CUANDO VINE A hacer morada en tu corazón, me comprometí contigo completamente. Comprometí mi gracia y poder para ti. Comprometí mi bondad y paciencia para ti. Comprometí mi consuelo y sabiduría para ti. Comprometí mi misericordia y amor para ti. Comprometí todo lo que soy y todo lo que tengo para ti. No voy a romper mi compromiso contigo. Es para siempre y siempre. Tú y yo, somos uno. Siempre estoy contigo. Sabes esto y caminas confiadamente ante el amigo como el enemigo. Mi gracia está sobre ti.

1 CORINTIOS 6:19; HEBREOS 13:20-21;
HEBREOS 13:5

✦ ORACIÓN ✦

Gracias por tu pacto conmigo. Gracias por tu gracia, poder, bondad, paciencia, consuelo, sabiduría, misericordia, amor y favor hacia mí. Ayúdame a caminar con confianza en las bendiciones espirituales que has derramado sobre mí.

¡ALÉGRATE EN DIOS!

I GOZO TE fortalece. Cuando te regocijas en el Padre, atraes su sabiduría. Cuando te alegras en Jesús y lo que hizo por ti en el Calvario, atraes su gracia incomparable. Cuando te alegras en mí y lo que soy para ti, atraes mi poder para superar todos y cada uno de los obstáculos. Eres fortalecido en espíritu, alma y cuerpo cuando te gozas en nosotros.

Tú tienes la oportunidad y la libertad para alegrarte en cualquier momento que quieras. Así que levanta tu voz y dispón tu corazón hacia mí, y yo te fortaleceré. Yo quiero fortalecerte. Cuando eres débil, entonces soy fuerte.

SALMO 28:7; FILIPENSES 4:4; 2 CORINTIOS 12:10

⇢ ORACIÓN ⇠

Mi corazón se regocija en ti. Me regocijo en tu sabiduría, gracia y poder. Gracias por darme el poder para superar cualquier obstáculo que me impida tener una relación más íntima contigo. ¡Gracias por la victoria en todas las áreas de mi vida!

MUÉVETE EN FE

*T*U CAPACIDAD PARA recibir de mi Espíritu continuará expandiéndose a medida que te mueves en fe hacia lo que se avecina. Eso requiere que sacudas algunas cosas sueltas que han aguantado, disminuido o impedido tu progreso. Has visto algunas de estas cosas, pero has estado ciego a otras.

Yo te mostraré lo que necesitas ver cuando necesites verlo. Cuando te muestre, muévete en fe. Ponte de acuerdo conmigo. Déjalo ir, y no mires atrás. Quiero más de ti. Abraza más de mí. Dale la bienvenida al cambio que mi Espíritu trae. Es bueno.

HEBREOS 12:1; SALMO 119:18; EFESIOS 1:18

→ ORACIÓN ←

¡Abre los ojos de mi corazón! Ayúdame a ver esas cosas que no puedo ver que están diluyendo mi fe. Quiero ver de la forma que tú ves y estar de acuerdo con tu corazón. Doy la bienvenida a los cambios que estás haciendo en mi vida. Me rindo a ti.

Mi mano está siempre sobre ti

*M*i mano está siempre sobre ti. Cuando pasas por el fuego, mi mano está sobre ti. Cuando caminas por el desierto, mi mano está sobre ti. Incluso en el valle de sombra de muerte, mi mano está sobre ti. En la cima de la montaña de la victoria, mi mano está sobre ti. En la sobreabundancia y en la mayor escasez, mi mano está sobre ti. Ya sea en el dolor o en el gozo, mi mano está sobre ti. Recuerda esta verdad en cada temporada, buena o mala.

Yo estoy en control, y yo estoy ordenando tus pasos. Así que camina en fe, sabiendo que mi mano está sobre ti y nadie puede arrebatarte de mí.

Isaías 43:2; Salmo 23:4; Filipenses 4:12-13

✦ Oración ✦

Agradezco que tú estés siempre conmigo, ¡no importa qué temporada, prueba o circunstancia esté atravesando! Por favor, dame una mayor revelación de tu gracia y tu presencia en medio de los tiempos difíciles. Soy feliz en tu presencia.

PROFUNDIZA EN MI AMOR

*N*ADA PUEDE DETENERTE de entrar a las profundidades de mi amor, excepto los malos pensamientos y las creencias acerca de quién soy. Quiero llevarte más profundo, pero debes ver otra dimensión de mi corazón al estar dispuesto a abandonarte por completo a mí. El enemigo quiere que estés atemorizado del nuevo nivel al cual yo deseo llevarte. Pero mi amor perfecto echará fuera el temor, si se lo permites. Medita en mi amor por ti, y sígueme al lugar secreto, donde puedo compartirte la profundidad de mi compasión por ti. Nunca serás el mismo.

1 JUAN 4:18; SALMO 91:1

✦ ORACIÓN ✦

Quiero ir más profundo contigo. Muéstrame dónde mis pensamientos y creencias se desalinean con respecto a tu verdad. Muéstrame tu corazón lleno de amor y compasión por mí. Llévame a tu lugar secreto, donde puedo llegar a conocerte mejor.

DESPÓJATE DE TODO PESO

*D*ESPÓJATE DE TODO peso que te retrasa. Ya sabes lo que algunos de esos pesos son. Echa esas ansiedades sobre mí. Ellas dificultan tu carrera. Pero hay otros pesos, como las heridas y los moretones, que ni siquiera te acuerdas que los cargas. Vi cuando tu rostro cambió como pedernal y tragaste duro por hacer mi voluntad. Yo te ayudé. Vi la broma pesada que hicieron contra ti; las duras palabras de desaprobación; las relaciones rotas. Esos son los pesos que te retrasan. Ríndete a mí ahora. Déjame lavarte y limpiar tu corazón del residuo de esos dolores. Deja que el bálsamo sanador de Galaad haga su trabajo.

1 PEDRO 5:7; SALMO 55:22; JEREMÍAS 8:21-22

→ ORACIÓN ←

Me niego a permitir que las preocupaciones de este mundo o las heridas del pasado me retrasen ya más, pero necesito tu gracia. Lávame con tu poder sanador y ayúdame a perdonar a los que me han hecho daño. Hoy decido perdonar.

ABRE TUS OJOS ESPIRITUALES

ABRE BIEN TUS ojos para que veas lo que la Palabra realmente dice. Abre tus ojos espirituales, y verás y entenderás el verdadero significado de las palabras que yo inspiré. Deja que ellas te inspiren. Deja que te fortalezcan. Deja que te dirijan. Mantén tus ojos muy abiertos para que veas lo que la Palabra dice realmente, y cuando hayas visto todo lo que piensas que hay que ver, voltéate a mí otra vez. Voy a abrirte los ojos aún más amplios y derramaré sabiduría y revelación. Yo quiero que veas el amor profundo del Padre por ti. Quiero que entres en una nueva dimensión de la mente de Cristo. Así que pídeme que abra tus ojos.

LUCAS 24:45; EFESIOS 1:17; 1 CORINTIOS 2:16

→ ORACIÓN ←

Estoy decidido a tener mis ojos muy abiertos, pero sé que solo tú puedes ayudarme a captar la revelación de la Palabra. Por eso te pido que abras mis ojos y me ayudes a entender las Escrituras. Abre mi entendimiento.

Febrero

*Si me amáis, guardad mis mandamientos. Y yo
rogaré al Padre, y os dará otro Consolador, para
que esté con vosotros para siempre: el Espíritu de
verdad, al cual el mundo no puede recibir, porque
no le ve, ni le conoce; pero vosotros le conocéis,
porque mora con vosotros, y estará en vosotros...
Mas el Consolador, el Espíritu Santo, a quien el
Padre enviará en mi nombre, él os enseñará todas
las cosas, y os recordará todo lo que yo os he dicho.*

—Juan 14:15–17, 26

BUSCA MI DISCERNIMIENTO

$\mathcal{L}$A PERCEPCIÓN NO es siempre la realidad. Lo que percibes acerca de otras personas no siempre es preciso. Lo que otras personas perciben acerca de ti no siempre es preciso. Así que deja de depender de tus percepciones, lo que ves, lo que oyes y lo que otras personas te dicen, y busca mi discernimiento sobre los asuntos grandes y pequeños. Las percepciones erróneas dan lugar a la presunción, y la presunción puede devastar las relaciones. No permitas que las percepciones equivocadas se conviertan en una trampa para ti.

1 CORINTIOS 13:7; FILIPENSES 1:9-10; JUAN 7:24

✦ ORACIÓN ✦

Por favor, dame el discernimiento y ayúdame
a evitar el pecado de presunción en todos mis
caminos. Ayúdame a creer lo mejor y ver a
la gente del modo en que tú la ves. Mués-
trame dónde he juzgado erróneamente a otros
para que no vuelva a caer en una trampa.

2 de febrero

ENTRA A UN TIEMPO DE RECONCILIACIÓN

LA RECONCILIACIÓN DEBE ocurrir antes de que puedas ver la restauración. Algo que no sea primeramente reconciliado no puede ser restaurado. Así que entra ahora en un tiempo de reconciliación. Busca a aquellos con quienes tienes un quebrantamiento de espíritu. Busca aclarar las ofensas. Ofrece un saludo de paz. Perdona y déjalo ir. Quiero hacer cosas nuevas en las viejas relaciones. Yo quiero sanar y restaurar. Por eso, entra en un tiempo de reconciliación y observa mi mano moverse en tu vida de una manera poderosa.

2 CORINTIOS 5:18; PROVERBIOS 18:19;
MATEO 5:23-26

✦ ORACIÓN ✦

Decido perdonar. Escojo reconciliar. Yo opto
por vivir en paz con todos los hombres en
cuanto dependa de mí. Por favor, dirígeme y
guíame hacia la reconciliación a tu manera, en
tu tiempo y para tus propósitos y tu gloria.

MEDITA EN LO QUE ESTÁS APRENDIENDO

*T*OMA UN MOMENTO, toma un tiempo, para que medites en las lecciones que estás aprendiendo. Yo estoy enseñándote cosas nuevas y recordándote aquellas cosas que tú sabes se han salido fuera de foco en medio de la guerra que te rodea. Considera lo que te he enseñado. Medita en esas verdades. Grábalas en las tablas de tu corazón. Nunca las olvides. Acude a ellas cuando las necesites. Esta sabiduría te servirá, y a otros cercanos a ti, en los días venideros.

JUAN 14:26; PROVERBIOS 7:2-3; 1 CORINTIOS 2:13

⇾ ORACIÓN ⇽

Ayúdame a recordar las enseñanzas de Cristo
y las palabras de sabiduría que tú has ha-
blado a mi corazón. Te pido ahora la gracia
para aferrarme a lo que tú me has ense-
ñado, para caminar en los caminos del
Padre y glorificar a mi Salvador a través de
mis palabras, pensamientos y acciones.

CUIDADO CON LOS
ENCENDEDORES DE FUEGO

*A*LGUNAS PERSONAS TRATARÁN de aprovecharse de las dificultades que surgen en tus relaciones con socios, compañeros de trabajo, amigos y familiares. Estas personas son encendedores de fuego, sus lenguas están incendiadas con las llamas del infierno, y lanzan dardos de fuego en tu contra en el nombre de tener cuidado y preocupación. Los que están verdaderamente preocupados por ti y tus relaciones buscarán apagar incendios, no encenderlos. Así que ten cuidado de las personas con malas lenguas, incluso cuando parece que tienen tus mejores intereses en mente.

PROVERBIOS 26:20-22; PROVERBIOS 16:28;
SANTIAGO 3:6-8; MATEO 5:9

→ ORACIÓN ←

Ayúdame a cerrar la puerta a los chismes y las calumnias. Ayúdame a discernir cuando alguien, a sabiendas, o sin saberlo, está tratando de encender un fuego en mis relaciones con otros. Dame la sabiduría para responder correctamente y caminar en paz con todas las personas.

TENGO LA SOLUCIÓN

SOLO CONFÍA QUE la tengo. ¿No soy digno de tu confianza? ¿No la he ganado? ¿Es que no lo merezco? Solo confía que la tengo. Sea que encuentres cualquier cosa que no puedas manejar, solo confía que tengo la solución. Veo el final desde el principio. Yo conozco el camino de entrada y el camino de salida. Yo conozco el camino superior y el camino inferior. Tengo la solución a todos tus problemas. Solo confía que la tengo. Pon tu confianza en mí ahora, y regocíjate en mi amor.

2 SAMUEL 7:28; SALMO 13:5; SALMO 20:7

⤍ ORACIÓN ⤎

*Confío en ti. No me moveré de tu gran
amor, pero ayúdame a confiar en ti más y
más. Ayúdame a regocijarme en tu amor,
aun en medio de las pruebas. Habla a
mi corazón en los momentos de dificultades, y muéstrame el camino de paz.*

MIS INTENCIONES HACIA TI SON PERFECTAS

SI REALMENTE SABES cuán bueno soy, si has entendido realmente cuán paciente soy, si realmente tuviste una revelación de lo mucho que te amo, te darías cuenta que mis intenciones hacia ti son perfectas. Estoy de tu lado. Estoy levantándote el ánimo en tu carrera. Cuando tropiezas, estoy listo para recogerte, sacudirte el polvo, y sanar tu corazón. Yo soy bueno. Soy paciente. Soy amable. Te amo. ¡Si tan solo supieras! Considera estas verdades porque ellas te harán libre para amarme más y recibir más de mí.

SALMO 136:1; SALMO 100:5; SALMO 107:1

✦ ORACIÓN ✦

Inúndame con tu amor, y déjame saborear y ver cuán bueno eres en realidad. Ayúdame a rechazar la culpa y condenación cuando tropiezo, y dame un corazón tierno que acepte tu invitación al arrepentimiento y perdón.

BUSCA MI CONSEJO EN TIEMPOS DE CONFUSIÓN

*T*Ú PUEDES BUSCAR el consejo sabio de personas en medio de una situación compleja, y deberías. La sabiduría puede venir de las experiencias de hombres y mujeres de Dios. Pero recuerda siempre esto: Solo yo sé lo que es mejor. Tengo la mente del Padre, en cada situación. No te olvides de mi consejo en medio de la confusión. Soy tu consejero. Así que antes de actuar sobre cualquier consejo de los hombres, hasta los más sabios, siempre lo confirman conmigo. Yo te dirigiré hacia la paz.

JUAN 14:26; 1 CORINTIOS 2:11; ROMANOS 9:1

⤍ ORACIÓN ⤎

Estoy agradecido de que hay sabiduría en el consejo de muchos, pero reconozco que tú tienes toda la sabiduría y que tu paz me guía. Ayúdame a buscar siempre tu consejo, tu sabiduría y tu confirmación a todas mis decisiones.

8 de febrero

PIENSA Y HABLA CONFORME A MIS PALABRAS

TÚ PUEDES ORAR sin hablar, y puedes ver sin abrir los ojos. Pero cuando te mueves en el plano de lo no hablado y no visto, puedes encontrar voces y visiones falsas de los enemigos que tratan de desviar tu perspectiva. Cuídate de no hablar acerca del plan del enemigo en tu vida debido a que el poder de la vida y la muerte están en la lengua. Ten cuidado de no meditar en las vanas imaginaciones que él te trae. Ellas te alejan de la verdad de mi corazón para hacerte caer en el engaño. Piensa y habla conforme a mis palabras.

1 Juan 4:1; Proverbios 18:21; 2 Corintios 10:5

✦ ORACIÓN ✦

Pon guarda a mis ojos, mis oídos y mi boca. Dame la diligencia para guardar mi corazón porque de él salen aquellas cosas que me pueden contaminar. Ayúdame a reconocer las imaginaciones vanas y voces falsas que pretenden distorsionar tu verdad. Ayúdame a llevar cautivo todo pensamiento que no proviene de ti.

APRENDE A DISCERNIR TUS
TIEMPOS Y TEMPORADAS

LAS TEMPORADAS CAMBIAN, pero yo no. El tiempo pasa, pero yo sé el fin desde el principio. Veo todos tus días. Veo todos tus tiempos. Veo todas tus temporadas. Veo todas tus montañas y todos tus valles. Las temporadas van y vienen. Vas a atravesar todas ellas una a la vez, una tras otra, y siempre en mi tiempo perfecto.

Deseo que sepas esto: Estoy orquestando tus tiempos y temporadas. Estoy ordenando tus pasos, y mi camino es perfecto. Aprende a discernir tus tiempos y temporadas. No te quedes atrás. No te adelantes. Camina conmigo, y haremos cosas grandes y estupendas juntos.

ECLESIASTÉS 3:1; ISAÍAS 46:10; SALMO 37:23

→ ORACIÓN ←

Gracias porque tú nunca cambias. Agradezco que tú estés conmigo a través de todos mis tiempos y temporadas. Dame un corazón que discierne los tiempos, y no dejes que me retrase, sino sostén mi mano y guíame a lo largo de tus caminos para la gloria de Cristo.

10 de febrero

Bienaventurados los pacificadores

CUANDO VEAS INCENDIOS, extínguelos. Te he llamado a ser un pacificador. El enemigo usa la lengua del hombre para iniciar incendios que se originan en el infierno. Tales incendios buscan dividir, angustiar y traer disgustos entre los hermanos. Pero en cuanto a ti, quiero que apagues los incendios con palabras de amor. No te involucres en las contiendas; acállalas con palabras de fe. Voy a utilizar tus palabras de fe y amor para condenar a los transgresores para que se arrepientan y conviertan sus corazones hacia mí, y hablen de las cosas buenas. Bienaventurados los pacificadores.

SANTIAGO 3:6; PROVERBIOS 26:20; MATEO 5:9

✦ ORACIÓN ✦

Pon guarda a mi boca y ayúdame a hablar palabras que sean agradables a ti. Dame sabiduría para discernir los inicios de contiendas para que no sea partícipe del plan del enemigo, y ayúdame a ser un pacificador en cada situación.

NO PERDERÁS TU DESTINO

*M*ANTENTE EN ESTRECHA comunión conmigo, y te mostraré el siguiente paso en mi plan para tu vida. Estará claro. No te preocupes; no perderás tu destino en medio del caos que a veces te rodea. Las promesas que el Padre te ha dado se cumplirán, si actúas en fe. Resiste y no retrocedas ante la oposición del hombre y la bestia.

Nadie puede robar tu destino. Nadie puede interferir con el cumplimiento de mi voluntad en tu vida, sino tú. Quédate cerca de mí. Voy a llevarte a donde quiero que vayas.

JUAN 16:13; JUAN 10:28; 1 CORINTIOS 2:10

⇒ ORACIÓN ⇐

Gracias por siempre captar mi atención cuando
mi corazón comienza a alejarse de ti. Forta-
lece mi espíritu para mantenerme en el buen
plan del Padre, y ayúdame a superar los obs-
táculos que pone el enemigo en mi camino
para estorbar mi progreso en tu voluntad.

12 de febrero

REORDENARÉ TUS PASOS

ODO EL MUNDO comete errores. ¡No te aflijas por los tuyos! Medita en mí, y yo voy a reordenar tus pasos, voy a restaurar lo que se perdió, y a revelar a dónde irás y lo que vas a hacer a continuación. Así de bueno soy. Así de tan poderoso soy. Mi sabiduría te informará para que tomes tus decisiones a medida que aprendes a reconocer mis caminos en esta nueva temporada. Estás en un lugar diferente hoy de lo que estabas hace un año. Pero mi fidelidad por ti es constante. Créelo.

SALMO 37:23; DEUTERONOMIO 30:3;
1 CORINTIOS 1:9

✦ ORACIÓN ✦

*Gracias por tu bondad. Gracias por tu poder.
Gracias por tu sabiduría. Gracias por tu
restauración y revelación en mi vida. Gracias por enseñarme tus caminos y mostrarme
tus sendas. Gracias por tu fidelidad.*

ORA CONMIGO

Cuando oras conmigo, cuando te rindes a mí orando en el Espíritu, estás hablando misterios. Estás orando la oración perfecta. Estás en mi voluntad. Así que cuando no sepas cómo orar como conviene, e incluso cuando crees que sabes lo que vas a orar, déjame ayudarte. Ríndete a mí en la oración. Asóciate conmigo en la oración, y espera que el Padre envíe sobrenaturalmente las respuestas que no esperabas.

EFESIOS 6:18; 1 CORINTIOS 14:2; ROMANOS 8:26

✦ ORACIÓN ✦

No siempre sé qué orar o cómo orar, pero tú sabes. Ayúdame a rendirme a ti en oración. Aviva mi espíritu para orar cuando tú quieras que yo ore. Muéstrame por quién y qué orar. Ora conmigo y a través de mí para que la perfecta voluntad del Padre sea cumplida.

DESCUBRE EL PODER DE LA UNIDAD

Quiero que captes el concepto de unidad en un nivel más profundo. Va a ser importante mientras te llevo al siguiente lugar al que quiero que vayas. Tú entiendes el poder destructivo de la contienda, pero permíteme revelarte ahora el poder exponencial de la unidad.

Quiero que mires más allá de tus diferencias con otros creyentes, y trata de encontrar sinergias que pueden avanzar el reino. Esto no solo aumentará la unción en tu vida, sino que también dará mucho fruto, fruto eterno, para el reino. Empieza hoy.

SALMO 133:1; JUAN 17:23; EFESIOS 4:1;
COLOSENSES 3:14

✦ ORACIÓN ✦

Dame una revelación de la unidad, una revelación profunda de lo vital que es la unidad, que cambie mis paradigmas. Déjame ver lo que tú ves y sentir lo que tú sientes acerca de la contienda, de manera que yo la evite en cada vuelta del camino. Dame la gracia para ser humilde y ayúdame a caminar en unidad.

CUIDA TUS PALABRAS

TEN CUIDADO DE no participar en conversaciones ociosas, ya que tendrás que dar cuentas en el día del juicio de toda palabra ociosa que salga de tu boca. Sé consciente del impacto que tienen tus palabras, que con ellas hablas vida o muerte a las situaciones y almas. Mantente alerta para que hables bendición y no maldición. Como cosechas lo que siembras, así comes las palabras de tu boca. Cuida la fuente en tu corazón para que de ella emane agua fresca que refresque a los oyentes y edifique la fe en sus almas.

MATEO 12:36; PROVERBIOS 18:21; ROMANOS 12:14

→ ORACIÓN ←

Ayúdame a ver claramente el poder de la
vida y la muerte en mis palabras, para que
hable solo vida sobre mí mismo y los demás.
No quiero hablar palabras ociosas. No
quiero hablar palabras nocivas. Ayúdame
a evitar las conversaciones corrompidas, y
dejar que mi discurso edifique a otros.

16 de febrero

ABORDA EL DÍA CON REGOCIJO

CUENTA TUS BENDICIONES. Alardéate en Jesús. Aborda el día con regocijo en tu corazón. Que el gozo del Señor te consuma. Las personas y situaciones que enfrentas cada día pueden, de hecho, ser un problema, pero un corazón alegre y agradecido, que se regocija en su salvación, se sostiene y fortalece a través del viento, la lluvia, el fuego y la tormenta. Alardéate en Jesús y bendice su nombre. Digno es el Cordero.

FILIPENSES 4:4; SANTIAGO 1:2-4; SALMO 13:5

❖ ORACIÓN ❖

¡Bendito es el nombre de Jesús! ¡Decido este día regocijarme en mi salvación! Digno es el Cordero de Dios que quitó mi pecado. No importa las situaciones que enfrente, no importa qué pruebas vengan a mí, me comprometo a regocijarme en el Dios todopoderoso. ¡Él es digno!

NO RENUNCIES A TUS SUEÑOS

*T*ú PUEDES SABER mi voluntad y mis caminos, pero el tiempo del Padre es de suma importancia. Así que no permitas que el enemigo te engañe. No renuncies a los sueños que Dios te ha dado. No renuncies a los deseos de tu corazón. No dejes de interceder por las personas con quienes tienes una carga en tu alma y las circunstancias que te preocupan.

Jesús es el autor y consumador de tu fe, y todas las promesas de nuestro Padre son sí y amén. Así que mantente firme y resiste. Tus sueños se cumplirán en el momento perfecto. Te aseguro que el tiempo está llegando.

HABACUC 2:3; ECLESIASTÉS 3:1; 2 CORINTIOS
1:20; GÁLATAS 6:9

✦ ORACIÓN ✦

Espíritu Santo, ayúdame a reconocer el tiempo del Padre para no apresurarme a adelantarme a su voluntad. Ayúdame a no cansarme de hacer el bien para que yo pueda segar cuando sea el tiempo. Ayúdame a aferrarme a las grandes y preciosas promesas que Él me ha dado.

18 de febrero

RECIBE EL TEMOR DEL SEÑOR

$\mathcal{M}$IENTRAS EL MUNDO sigue envolviéndose en una mayor oscuridad, deja que tu corazón reciba el temor del Señor, para que sea una fuente de vida para ti. El principio de la sabiduría es el temor de Jehová y ella te conducirá fuera de las garras de la tentación, y te ayudará a ocuparte en tu propia salvación con temor y temblor. En el temor de Jehová hay gran confianza, y la misericordia del Padre estará contigo aun cuando tropieces y caigas. Quiero desatar el temor del Señor en tu corazón y enseñarte a reconocerme en todos tus caminos.

PROVERBIOS 1:7; PROVERBIOS 14:26; JOB 28:28

⤞ ORACIÓN ⤝

Desata el temor del Señor en mi corazón. Ayúdame a ocuparme de mi salvación con temor y temblor. Me niego a transar con el espíritu del mundo o inclinarme ante la voluntad del hombre. Elijo ser amigo de Dios y caminar en tus estatutos.

ABRAZA EL FUEGO PURIFICADOR

*M*I FUEGO PURIFICADOR arde, pero no te quema. Abraza el calor. Abraza el fuego. Abraza el malestar. Mi fuego purificador está purgando tu alma de impurezas que dificultan el amor. Este fuego está quemando todo lo que entorpece para darte lo mejor de mí. El calor te acerca más a mí mientras tratas de entender lo que está sucediendo en tu alma. No necesitas tener todas las respuestas. Basta con saber que yo estoy obrando en tu alma y en tu espíritu, y lo que yo hago es siempre bueno.

1 PEDRO 1:7; SALMO 66:10-12; ISAÍAS 48:10

→ ORACIÓN ←

Purifica mi corazón, oh Dios. Purifica mi alma. Confío en ti. Tú nunca me harás daño. Tú nunca me dejarás. Dejo que tu amor queme en mí todo lo que me está aguantando de correr esta carrera. Me rindo a tu Espíritu, aun en el fuego.

20 de febrero

TÚ TIENES TODO LO QUE NECESITAS

*Y*o conozco todas las cosas, veo todas las cosas, y entiendo todas las cosas. Confiar en mí quiere decir que no necesitas saber todas las cosas, ni ver todas las cosas ni entender todas las cosas. Me tienes a mí. Tienes todo lo que necesitas en Cristo.

Busca conocerme como yo te conozco. Busca conocer al Padre. Busca conocer a Cristo. A medida que creces en tu relación con nosotros, conocernos a nosotros será suficiente para ti. No buscarás respuestas; me buscarás a mí, y yo te daré las respuestas que necesitas cuando las necesites.

PROVERBIOS 3:5; SALMO 46:10;
DEUTERONOMIO 4:29

→ ORACIÓN ←

Tú amas a los que te aman, y si te busco diligentemente, te encontraré. Quiero contentarme en conocer tu corazón. Ayúdame a evitar el razonamiento y los cuestionamientos que me distraen de tu amor. Decido confiar en ti siempre en todas las cosas.

PIDE POR UN ESPÍRITU QUE DISCIERNE

Quiero que aprendas a discernir mi presencia y la oposición a mi voluntad. Quiero aumentar el don de discernimiento de espíritus en tu vida. Este don es vital y te capacita para que puedas cumplir con tu llamado.

Donde está mi Espíritu, allí hay libertad, paz, gozo y amor. Donde existe la contienda, allí hay perturbación y toda obra perversa. El contraste parece claro, pero muchas veces solamente un espíritu que discierne percibe lo que está operando detrás del escenario. Pídeme por un espíritu que discierne, y te lo daré.

Filipenses 1:9-10; Hebreos 4:12; Santiago 3:16

✦ ORACIÓN ✦

*Afina mi discernimiento para que pueda entender
y reconocer lo que está pasando en el reino espiritual. Quiero conocer tu presencia de manera
profunda. Quiero ver las trampas que el enemigo
ha tendido para atrapar mi alma. Dame un espíritu que discierne para percibir como tú percibes.*

REENFOCA TU MENTE

Yo te he hecho santo como yo soy santo. Cuando piensas, hablas y actúas de una manera que viola mi santidad, has dejado de mirar a Jesús. Él todavía permanece en ti, porque Él nunca te dejará ni te abandonará, pero has quitado tus ojos de Él. Te has enfocado en las circunstancias que el enemigo te está mostrando, continúas pensando en las frustraciones, y has olvidado el poder que habita en ti para resistir las tentaciones de tu carne. Reenfoca tu mente en mi santidad, y una vez más experimentarás la bendición de vivir, moverte y estar completamente en Jesús.

1 Pedro 1:16; Hebreos 13:5; Hechos 17:28

✦ ORACIÓN ✦

Gracias por tu poder purificador que obra en mi vida. Ayúdame a mantenerme enfocado en Jesús. Me niego a meditar en las cosas negativas que el enemigo de mi alma pone ante mí. Ayúdame a reconocer las mentiras del diablo cuando surgen y mantenerme enfocado en tu verdad.

No trates de ser como otra persona

*N*o trates de ser como otra persona. Te amo tal y como el Padre te ha creado. Cuando tú te comparas con los demás, siempre encontrarás algo que te enorgullecerá y algo que te hará sentir mal. Antes de que te formaras en el vientre de tu madre, te conocí. Te amé, y te quise. Yo disfruto tu singularidad, y quiero que puedas apreciarte a ti mismo como mi creación. Yo te estoy transformando de gloria en gloria, pero te amo tal como eres en Cristo.

Efesios 2:10; 2 Corintios 10:12; Jeremías 1:5

⤞ Oración ⤝

Gracias por amarme. Gracias por alentarme a ser todo lo que el Padre creó que yo sea. Por favor, ayúdame a no compararme con los demás para no desanimarme o enorgullecerme. Ayúdame a verme a mí mismo de la manera en que tú me ves.

HOY ES UN NUEVO DÍA

*H*OY ES UN nuevo día. Deshazte de las preocupaciones del pasado, rechaza las ansiedades del futuro, y cree que yo te llevaré y guiaré a pasar este día. Cree que te daré la gracia que necesitas porque yo soy tu gracia. Cree que te daré la sabiduría que necesitas, porque yo soy tu sabiduría. Cree que te daré la paz que necesitas, porque yo soy tu paz. Yo soy tu repuesto, esperando proporcionarte todo lo que necesitas hoy y cada día.

FILIPENSES 3:13-14; MATEO 6:25; JUAN 14:26

⇢ ORACIÓN ⇠

Ayúdame a caminar por fe, a vivir por fe, un día a la vez, reconociendo que tú estás caminando conmigo y me ayudarás. Cuando empiece a preocuparme o estresarme, recuérdame que estás conmigo, y permíteme sentir tu dulce presencia.

PERMÍTEME GUIARTE
AL REPOSO DE JESÚS

Cuando tú no estás descansando en Cristo, mi corazón se duele por ti. Jesús te ha invitado a entrar en su reposo, y yo te guiaré allí al momento que ofreces oración y ruego, con acción de gracias. Déjame ayudarte a llevar tus peticiones al Padre para que sean conocidas. Jesús está siempre intercediendo por ti a la diestra del Padre. Yo soy tu intercesor aquí en la tierra. Quiero ayudarte a orar cuando no sabes cómo rendirte a mí de corazón. Ora conmigo, y entra en el reposo de Cristo ahora.

HEBREOS 4:3; FILIPENSES 4:6-7; ROMANOS 8:34

✦ ORACIÓN ✦

Algunos días son muy estresantes. Por favor, ayúdame a entrar en el reposo de Cristo, y caminar en ese reposo, todo el día, todos los días. Gracias por ayudarme a depositar mis preocupaciones en el Señor. Gracias por dirigirme y guiarme a un lugar donde mora la paz.

NUNCA ABANDONES LA PROMESA DE DIOS

Sé que has estado esperando durante mucho tiempo la contestación a tu oración. Pero no abandones la promesa del Padre. Cuando tú estás parado firme en la Palabra de Dios, no tropezarás. Cuando tú confiesas mi voluntad frente a una realidad opuesta, fortaleces tu fe. Cuando te comprometes a esperar ver mi gloria manifiesta en tus circunstancias, desarrollas la paciencia que sostiene tu fe, y te permite heredar las promesas que por mucho tiempo has esperado verlas manifiestas. Ahora es el tiempo para presionar más fuerte. Yo estoy por ti, no contra ti. Y si estoy por ti, ¿quién contra ti?

HEBREOS 6:12; ISAÍAS 40:8; ROMANOS 8:31

→ ORACIÓN ←

Me canso de esperar para ver las respuestas a mis oraciones. Me decepciono y soy impaciente. Ayúdame a pararme firme en fe, sabiendo que la Palabra de Dios obrará en mi vida si sigo presionando en la promesa con persistencia. Dame un espíritu recto.

APROVECHA LOS BENEFICIOS
DE ESTA REVELACIÓN

*J*osué y David tenían algo en común, y si aprovechas una parte importante de la revelación que ellos tenían, ésta cambiará tu mente, cambiará tu manera de hablar, cambiará tus acciones, edificará tu fe, derribará fortalezas, aliviará tus temores, te dará fuerzas, te dará dirección, y transformará tu vida completamente. Hoy quiero compartirte esta simple revelación y ayudarte a practicarla: medita en la Palabra día y noche. ¿Emprenderás este viaje hacia la renovación de tu mente conmigo?

JOSUÉ 1:8; SALMO 19:14; SALMO 1:2

⇢ ORACIÓN ⇠

*David y Josué fueron ejemplos poderosos de cómo
caminar en tus estatutos. Dame la misma gracia
de obediencia que estaba en ellos, al buscar hacer
tu voluntad. Gracias por renovar mi mente
mientras medito en tu Palabra día y noche.*

28 de febrero

NO TE ENFOQUES EN EL ENEMIGO

VEO QUE TU enemigo se levanta contra ti, pero eso no me mueve a mí. El enemigo de tu fe siempre está tratando de distraer tu atención de mi verdad y de nuestra comunión mutua. ¡No dejes que tenga éxito! Cuando te enfocas demasiado en lo que el enemigo está haciendo en tu vida, perturbas tu paz interior y le abres la puerta al miedo, la duda y la incredulidad con respecto a las promesas que el Padre te ha dado.

Observa a tu enemigo, pero no te enfoques en él. Toma autoridad sobre sus estrategias en el nombre de Jesús. Discierne el ataque, pero lidia con eso y sigue adelante en Jesús. La victoria es tuya.

DEUTERONOMIO 28:7; LUCAS 10:19;
1 PEDRO 5:8-9

✦ ORACIÓN ✦

Ningún enemigo puede resistir tu poder. Toda rodilla se doblará y toda lengua confesará que Jesús es el Señor. Por lo tanto, no permitiré que el enemigo me mueva de tu verdad. Ayúdame a resistirlo, firme en la fe, cuando él trate de distraerme.

JESÚS ES TU SANADOR

*E*L Padre es Jehová Rafa. Jesús es tu sanador. Por sus llagas, tú estás curado. Piensa en esas palabras. Medita en ellas. Cuéntales a otros sobre el poder sanador de la expiación. La fe viene por el oír la Palabra de Dios, y mi palabra para ti es "curación": sanidad para tu cuerpo cuando estás enfermo, sanidad para tu alma cuando estás herido, sanidad para tus relaciones cuando se rompen. Yo te estoy revelando a Cristo como tu sanador. Recibe la plenitud de tu salvación.

Éxodo 15:26; Isaías 53:5; 1 Pedro 2:24

→ ORACIÓN ←

Gracias por esa revelación de la expiación. Mientras soy fiel meditando en la Palabra de Dios para sanidad, libera tu poder en mi cuerpo, mi mente y mi vida para que sanes todas esas áreas que necesitan sanidad y restauración. Ayúdame a caminar en salud divina.

Marzo

Pero yo os digo la verdad: Os conviene que yo
me vaya; porque si no me fuera, el Consolador
no vendría a vosotros; mas si me fuere, os lo en-
viaré. Y cuando él venga, convencerá al mundo
de pecado, de justicia y de juicio. De pecado, por
cuanto no creen en mí; de justicia, por cuanto voy
al Padre, y no me veréis más; y de juicio, por cuanto
el príncipe de este mundo ha sido ya juzgado.

—Juan 16:7–11

LEVÁNTATE EN MI PODER

*L*EVÁNTATE EN MI poder y enfrenta los desafíos de hoy. No retrocedas, ni mires atrás ni vuelvas hacia atrás. Date cuenta de que eres bendecido con toda bendición espiritual en los lugares celestiales y que puedes hacer todas las cosas en Cristo que te fortalece. Echa mano de las bendiciones, y agradéceme por ellas. Vístete de fuerza, y da un paso adelante en fe. Levántate en mi poder, y yo iré delante de ti y abriré un camino donde no hay caminos. No te decepcionaré.

EFESIOS 1:3; FILIPENSES 4:13; 2 SAMUEL 22:33

→ ORACIÓN ←

Gracias porque tu poder mora en mí y me prepara para enfrentar todos los desafíos que vienen en mi camino. Voy a seguir adelante en su fuerza, no la mía, sabiendo que tú me facultas para hacer todo lo que necesito hacer. ¡Gracias por tu poder!

YO TE AYUDARÉ A
ALCANZAR TU DESTINO

TRAERÉ PERSONAS en tu camino que te ayudarán a lograr aquello para lo cual te he llamado que hagas. Te ayudaré a hacer las conexiones, y a conectar los puntos. Sí, voy a dirigir tus pasos hacia las personas, los lugares y las cosas que necesitas para llegar a tu destino en Cristo. Esa es mi participación y mi gozo. Tu participación es preguntarme a mí, buscarme, escucharme, seguirme y obedecerme. Estamos juntos en esto. Yo voy a hacer mi parte. Tú debes hacer tu parte.

SALMO 119:133; PROVERBIOS 2:1-5; JUAN 14:23

⤞ ORACIÓN ⤝

Gracias por las conexiones divinas. Las estaré esperando. Ayúdame a discernir tu dirección. Ayúdame a reconocer a las personas que tú has llamado a trabajar conmigo para llevar a cabo tu voluntad. Dame un oído para escuchar lo que tu Espíritu está diciendo a cada paso del camino.

Sigue la pureza y la santidad

*P*OCOS ENTIENDEN MI santidad. Yo soy puro. Incluso mis palabras son purificadas siete veces. Yo soy puro en mis motivaciones para contigo. Quiero lo mejor para ti, aunque sé que no siempre se siente o se ve como lo mejor.

Te hago santo como yo soy santo. Te estoy transformando a la imagen de Cristo, de gloria en gloria y de fe en fe. Abraza mi santidad. Busca mi pureza, y descansarás en mi amor de una mayor manera que jamás pensaste era posible.

SALMO 12:6; 2 CORINTIOS 3:18; ROMANOS 12:1;
1 TIMOTEO 4:12

✦ ORACIÓN ✦

Sé que tú quieres lo mejor para mí, y te
agradezco. Ayúdame a rendirme ante tu
poder santificador en mi vida. Mi deseo
es ser santo así como tú eres santo. Escu-
driña mi alma de todo lo que no te agrada
a ti para amarte con todo mi corazón.

DERRIBA TUS ÍDOLOS

*T*E ESTOY LLAMANDO a derribar los ídolos en tu vida. Moisés lo hizo. Ezequías lo hizo. Josías lo hizo. Conmoví sus corazones para que destruyeran los ídolos en medio de ellos, y cuando me obedecían, se liberaba un avivamiento ante ellos.

Cuando prestas atención a mi voz, y derribas los ídolos en tu corazón, experimentarás un avivamiento personal que te llevará a un nivel más profundo en Cristo, uno que has anhelado pero no habías podido alcanzar. Derriba cualquier cosa que distrae tu corazón de mi amor.

1 Juan 5:21; 1 Corintios 10:14; Lucas 9:23

✦ ORACIÓN ✦

*Muéstrame dónde he erigido ídolos en mi vida
para que yo pueda derribarlos y destruirlos.
Deseo exaltar a Dios y solo a Dios. Deseo
un avivamiento personal. Revuelve mi espíritu y dame la fuerza para deshacer de mi
vida todo lo que se interpone entre nosotros.*

SÍGUEME

*Y*o sé el camino a tu torre fuerte. Te llevaré a un lugar de paz y protección en medio de la tormenta, sígueme. Te llevaré y guiaré a la verdad y la seguridad. El Padre te protegerá bajo la sombra de sus alas, y Jesús te guiará al triunfo.

Sígueme mientras exalto a Cristo en tu corazón y en tu vida. Estamos de tu lado. Ningún enemigo se resiste ante nuestro poder. Solo enfócate en nosotros y en nuestro amor por ti. No puedes fracasar.

PROVERBIOS 18:10; SALMO 91; SALMO 17:8

→ ORACIÓN ←

Tú eres mi torre fuerte. Tú eres mi paz. Tú eres mi refugio en medio de la tormenta. Agradezco tu protección, tu victoria, tu paz y tu amor. Ayúdame a mantenerme centrado en tu verdad, y dame un espíritu perdurable.

6 de marzo

NO TRATES DE COMPLACER A TODOS

*N*O TRATES DE complacer a la gente o tomar decisiones basadas en la reacción que esperas de otras personas que no consiguen lo que quieren de ti. La gente va a sacarte de la voluntad del Padre a su propia voluntad, si la dejas. Hay una diferencia entre caminar en amor y dejarte pisotear. Cortésmente rechaza lo que tú sabes no es mi voluntad, no importa quién te esté presionando. Pregúntame lo que yo quisiera que hagas; obedece y luego déjalo ir. Entrégale la gente al Padre. Mantente enfocado y muévete adelante con lo que el Padre te dijo que hicieras.

COLOSENSES 3:24; EFESIOS 5:17; HECHOS 5:29

⊹ ORACIÓN ⊹

Yo no quiero complacer a la gente. Yo quiero complacer a Dios. Ayúdame a evitar la tentación de someterme a la voluntad del hombre cuando tú me has llamado para que haga algo más. Ayúdame a elegir las cosas divinas por encima de las cosas buenas que el hombre propone.

NINGÚN ENEMIGO TE PUEDE RESISTIR

Ningún enemigo puede resistir mi poder. Mis enemigos tiemblan ante el nombre de Jesús. Tus enemigos espirituales son mis enemigos, y mi poder mora en ti. Por lo tanto, ningún enemigo te puede resistir mientras caminas en mi poder y ejerces tu autoridad en Cristo.

Abre tu corazón ahora y piensa en estas verdades, y renovaré tu visión. Voy a quitarte las anteojeras que permiten ver a tus enemigos parecer victoriosos delante de ti. Vas a levantarte en mi poder y pondrás a tus enemigos bajo tus pies.

Santiago 2:19; Marcos 16:17; Mateo 22:44

✦ ORACIÓN ✦

*Gracias, Jesús, por la victoria que obtuviste
en el Calvario. Dame una revelación de mi
autoridad en ti y del poder que habita en
mí. Ayúdame a poder empuñar la espada
del Espíritu en contra de los enemigos espirituales que contienden contra tu voluntad.*

TU VICTORIA ESTÁ GARANTIZADA

Sí, ES CIERTO que el enemigo está esperando el próximo momento oportuno para lanzar un dardo de fuego contra ti. Es cierto que el diablo anda alrededor, como león rugiente, buscando a quien devorar. Pero hay grandes verdades en las que tú debes enfocarte, verdades que te aseguran la victoria: Tú eres más que vencedor por medio de Cristo Jesús. Mayor es el que está en ti que el que está en el mundo. Ninguna arma forjada contra ti prosperará.

Condenarás toda lengua que se levante contra ti en juicio. Pondrás a tus enemigos por estrado de tus pies con la Palabra de Dios. ¡Eres victorioso!

EFESIOS 6:10-16; ROMANOS 8:37; 1 JUAN 4:4;
Isaías 54:17

✦ ORACIÓN ✦

*Gracias por equiparme con tu armadura
para lidiar contra las fuerzas que batallan
contra mí. Me pongo toda la armadura
de Dios en este momento, y yo sé que cada
vez que me indiques moverme, ¡tú me
guiarás a la victoria segura en Cristo!*

COMPRENDE Y COMPARTE MI AMOR

*J*ESÚS DIJO EN una ocasión: "Bienaventurados los de limpio corazón, porque ellos verán a Dios". La pureza es vital en esta hora. El engaño se ha infiltrado en el cuerpo de Cristo por medio de las inseguridades, los rechazos y el orgullo, así como a través de dolores y heridas infligidas por el hombre e inspiradas por el maligno que no han sido sanados. Todas esas cosas causan problemas de identidad entre mi pueblo.

Quiero derramar una revelación del amor puro que tengo por ti para que seas aún más profundamente arraigado y cimentado en Jesús, y seas capaz de compartir mi amor con otros que luchan con problemas de identidad. Quiero que sepas quién realmente eres, y luego enséñales a otros.

MATEO 5:8; EFESIOS 3:17; COLOSENSES 2:10

✦ ORACIÓN ✦

Quiero comprender cuán ancho, largo, alto y profundo es el amor de Cristo por mí. Ayúdame a captarlo, no solo por fe sino por experiencias que pueda compartir con los demás. Arráigame y ciméntame aún más profundo en el amor de Cristo. Hazme una epístola viviente de tu amor.

NINGUNA PALABRA CORROMPIDA
SALGA DE MI BOCA

*L*O QUE NO ves con tus propios ojos, no puedes dar testimonio con tu boca. No repitas algo que no puedes respaldar. Cualquiera que te trae chismes, chismea de ti. Y recuerda, Jesús está mirando, y escuchando, así que no permitas que ninguna palabra corrompida salga de tu boca.

Habla solo aquellas cosas que edificarán a tus hermanos y hermanas. No propagues la contienda. No reveles los secretos. Evita las discusiones necias y vanas. Ahora es el momento donde la unidad en el cuerpo de Cristo debe surgir, y comienza con cada miembro individual. Comienza contigo. El amor lo conquista todo.

SANTIAGO 4:11; EFESIOS 4:29; 2 TIMOTEO 2:23

✦ ORACIÓN ✦

Ayúdame a recordar que tú escuchas cada
palabra que yo hablo. Ayúdame a evitar
las discusiones tontas sobre cosas que real-
mente no importan. Ayúdame a decir lo
que tú dirías y nada más. Sazona mi ha-
blar con sal y gracia. Sana mi lengua.

AMA LO QUE DIOS AMA

*E*L PADRE SIEMPRE tiene algo más grande y mejor en mente si vas a ir en pos de lo que Él ama, incluso si eso significa alejarse de lo que tú piensas que amas. Aquí hay una promesa: vas a descubrir que te gusta lo que Él ama mucho más que aquello que amabas y te alejaste. Así que ama lo Él ama y aborrece lo que Él aborrece, y te encontrarás a ti mismo en el centro de su voluntad con sus promesas cumplidas. No te puedes imaginar las cosas buenas que Él ha planeado para ti, y no tienes que hacerlo. Solo cree que todas ellas sucederán.

SALMO 97:10; EFESIOS 3:20; 1 CORINTIOS 2:9

✦ ORACIÓN ✦

Dame la perspectiva profética para ver de la forma que tú ves. Me comprometo a seguirte dondequiera que tú me dirijas, sin importar lo que tenga que dejar. Quiero caminar en tu perfecta voluntad y ver tus promesas cumplirse en mí. Guíame.

AMA A DIOS CON TODO TU SER

*T*Ú AMAS a Jesús porque Él te amó primero. Decide amarnos a nosotros con todo tu corazón, con toda tu alma, con toda tu mente y con todas tus fuerzas. No dejes que el enemigo te pinte un cuadro de un Padre enojado y malo, listo para darte con un mazo cuando cometes un error. ¡Rechaza cualquier cosa que obstaculice el amor!

Pídeme esta mañana por la unción para amarnos. Te sorprenderás de los resultados de esta petición cada vez que elevas tu petición al cielo y te dispones a recibir más de nosotros.

1 JUAN 4:19; MATEO 22:37; 1 CORINTIOS 13:4-8

✦ ORACIÓN ✦

Quiero amarte con todo lo que tengo. Espíritu Santo, muéstrame una vez más el corazón del Padre. Ayúdame a recibir tu amor para que yo pueda derramarlo en ti. Responde el clamor de mi corazón para que derrames sobre mí la unción para amarte cada vez más y más.

NO TODO ESTÁ PERDIDO

*N*o todo está perdido. Sé que puede parecer como si todo está perdido, como si tuvieras que comenzar de nuevo. Pero no te creas el drama y la exageración del enemigo. No te dejes engañar por lo que ves. Mientras tengas a Jesús, no todo está perdido. ¡Y tú tienes a Jesús!

Si el diablo ha violado lo que no le pertenece, tendrá que pagar lo que te robó. Así que no sigas enfocándote en lo que él está haciendo. Concéntrate en lo que Dios ha hecho y lo que Él quiere hacer. Él es tu libertador. Él es tu restaurador. Él es tu paz. Él está contigo. No todo está perdido.

2 Corintios 5:7; Joel 2:25; 1 Pedro 5:10

→ ORACIÓN ←

Ayúdame a caminar por fe y no por vista. Que aunque lo que veo a mi alrededor a menudo parece pérdida, pero yo sé que tú eres un Dios de restauración. Decido en este día mantener mis ojos enfocados en tu poder, tu gloria y tu gracia. Confío en que tú restauras todo lo que se había perdido.

¡NO TE RINDAS AHORA!

LOS SUEÑOS QUE Dios te ha dado pueden hacerse realidad, pero hay que buscar al Dios que te dio los sueños. Tú también tienes que tomar acción en fe, siendo dirigido por el Espíritu, hacia tus metas divinas. Claro que te encontrarás con batallas espirituales e impedimentos naturales que te harán tropezar, y serás tentado a darte por vencido. Pero, ¡no te rindas! No cedas. Si buscas primeramente el reino de Dios y mi voluntad para tu vida, verás tus sueños manifestarse en el tiempo del Padre. ¡Solo sigue firme y adelante! ¡Yo estoy contigo!

MATEO 6:33; SALMO 37:4; MATEO 11:12

→ ORACIÓN ←

*Tú eres el dador de sueños. Eres el Único
que me da las fuerzas para perseguir los
sueños que tú tienes para mí. Gracias porque
a medida que sigo buscando tu rostro y tu
reino con determinación santa, tú harás
realidad esos sueños para tu gloria.*

Haz espacio para tu don

 U don hará espacio para ti. Pero tú tienes
que hacer espacio para tu don. Es decir, prepárate para que Dios te use en este tiempo. Ríndete a mi Espíritu, mientras trabajo contigo para
acabar con algunos problemas en tu alma que pudieran estar aguantándote de que llegues a tu destino. Equípate con la Palabra, estudia para que te
presentes aprobado, y ten más comunión conmigo,
y aún más. Háblame a lo largo del día. Tu don hará
espacio para ti. Pero tú tienes que hacer espacio
para tu don.

PROVERBIOS 18:16; 2 TIMOTEO 2:15; GÁLATAS 5:25

✦ ORACIÓN ✦

*Gracias por los dones que me has dado y los
planes que tienes para el uso de esos dones
conforme a tus propósitos. Ayúdame a prepararme para caminar en tu voluntad. Ayúdame
a quitar de mi camino esas distracciones que se
interponen de lo que tú quieres que yo haga.*

16 de marzo

PREGÚNTAME SOBRE MI PERSPECTIVA

*S*I LO QUE ves a tu alrededor no está cambiando, considera la posibilidad de que es el momento de cambiar la forma de ver las cosas. Pregúntame sobre mi punto de vista respecto a las personas, los lugares y las situaciones a tu alrededor. Te sorprenderás de la revelación que recibirás si realmente te mantienes firme creyendo, si realmente esperas en mí. Los caminos del Padre son más altos que tus caminos, y sus pensamientos son más altos que tus pensamientos. Así que espera en mí, y levantarás alas como las águilas y ganarás la perspectiva profética que buscas.

ISAÍAS 55:9; ISAÍAS 40:31; ROMANOS 12:2

✦ ORACIÓN ✦

Espíritu Santo, necesito tu perspectiva. Por favor, abre mis ojos y muéstrame lo que me falta. Dame una vislumbre de lo que tú ves en el Espíritu. Comparte tus pensamientos conmigo sobre lo que necesito cambiar. Voy a esperar en ti hasta que me muestres.

ORA POR QUIENES TÚ HAS OFENDIDO

*N*o puedes hacer que alguien te perdone por un error que hayas cometido. Pero la negatividad de la otra parte en ofrecer el perdón no es una licencia para que tú te resientas. Ora por quienes tú has ofendido, porque el Padre les manda a perdonar. Ora para que ellos te perdonen, no por tu bien, sino por el de ellos.

Cuando las personas tienen falta de perdón en sus corazones hacia ti, puede hacerte daño, pero es mucho más perjudicial para sus almas. Así que pídeme que sane sus corazones de cualquier herida, así como el tuyo. La reconciliación puede o no darse, pero de cualquier manera tú puedes caminar rectamente.

MATEO 5:23-24; ROMANOS 12:20; LUCAS 6:27

✦ ORACIÓN ✦

Oro en estos momentos por esas personas a quienes les he hecho daño de alguna manera, ya sea que lo sepa o no, y te pido que los ayudes a perdonarme. Por favor, muéstrame si hay un acto de bondad que pueda realizar a favor de ellos, y ayúdame a no ofenderme si se niegan a perdonarme.

DÉJAME AYUDARTE A EVITAR EL AGOTAMIENTO

$\mathcal{L}$OS LÍMITES SON importantes para tu salud espiritual. No permitas que la gente te obligue a hacer cosas que el Padre no te ha llamado a hacer, o te haga sentir culpable porque no puedas participar con ellos o ministrar a sus necesidades, cuando yo no te dado luz verde para hacerlo. Si no estableces límites divinos, enfrentarás todo tipo de agotamiento (espiritual, emocional, mental y físico) y fluirás en resentimiento.

Déjame dirigirte y guiarte. Sé que tienes un corazón muy generoso para ayudar a la gente, pero todo el mundo se beneficiaría si esperas a que yo te muestre qué hacer y cuándo hacerlo. Si la gente se enoja o se molesta por eso, déjalos en mis manos. Yo les ministraré a ellos. Tú me obedeces.

GÁLATAS 6:5; SANTIAGO 1:5; LUCAS 5:15-16

→ ORACIÓN ←

Estás en lo cierto. Yo quiero ayudar, pero solo tengo algunas horas en el día. Ayúdame a ser cauteloso al responder cuando alguien me pide hacer algo. Ayúdame a esperar en tu dirección antes de involucrarme. Sé que quieres lo mejor para mí, así como para ellos. Confío en ti.

NO PERMITAS QUE EL
ENEMIGO TE DETENGA

*N*o TE RINDAS. Parte de la estrategia del enemigo es traerte ciertas circunstancias a tu vida para que perturben tu mente con imaginaciones que te podrían sacar de tu puesto. Cuando el ataque viene, sientes como si quisieras dimitir. Pero ahí es cuando tienes que pararte firme y resistir. ¡El Padre es capaz de ayudarte a estar de pie!

No le des al enemigo la satisfacción de detenerte o afectar tu rendimiento, aun si te hace caer con piedras de tropiezo de tentación. Vuélvete a poner de pie y corre arduamente tras la voluntad del Padre para tu vida. Estoy contigo. ¡Puedes hacerlo!

2 CRÓNICAS 15:7; GÁLATAS 6:9; JOSUÉ 1:9

⤻ ORACIÓN ⤸

*Cuando sienta como que quiero renunciar,
ayúdame a reenfocarme en la visión que me
has dado. Muéstrame el panorama general.
Cuando me caiga, ayúdame a levantarme
de nuevo. Quiero correr esta carrera y caminar dignamente. Quiero cumplir con todo
lo que tú me has llamado a hacer. Ayúdame.*

20 de marzo

CLAMA A TU LIBERTADOR

*J*ESÚS ES TU libertador. Cuando sientes que algo te está tratando de retener, hundir o sacudir, clama a tu libertador y observa cómo Jesús obra en todas aquellas cosas que te ayudan a bien, a medida que continúas caminando en su Palabra.

Mi poder está disponible para liberarte de cualquier cosa y de todo lo que se interponga en el camino hacia la perfecta voluntad del Padre en tu vida. El Padre resiste a los soberbios y da gracia a los humildes, así que humíllate y recibe mi ayuda. Para eso es que yo estoy aquí. Yo soy tu ayudador.

SALMO 18:2; ROMANOS 8:28; SANTIAGO 4:6

✦ ORACIÓN ✦

Vengo valientemente ante tu trono de gracia con un corazón humilde. Necesito tu ayuda. Necesito tu liberación en mi vida. Las presiones son reales, y a veces me agobian. Líbrame o dame la gracia para caminar rectamente, a pesar de ellas.

Cada mañana con el Espíritu Santo

ESPERA POR MI ESTRATEGIA

A menudo, sientes la urgencia de responder cuando una situación surge, de apagar el fuego antes que se convierta en un voraz incendio. Entiendo por qué. Pero ¿qué pasaría si te calmas y esperas que yo te muestre una estrategia para apagar la llama ardiente? Muchas veces yo ya estoy trabajando tras bastidor para apagar el fuego. Si esperas en mí, en lugar de tomar acción, descubrirás que el fuego parece apagarse por sí solo.

Déjame hacer mi trabajo. Cuando necesite que tú hagas algo, te lo diré. Ora primero. Yo te guiaré, y me aseguraré de que el fuego se apague.

SANTIAGO 1:19; SALMO 37:7-9; SANTIAGO 5:8

→ ORACIÓN ←

Ayúdame a esperar en ti. Dame sabiduría y entendimiento para saber cómo deseas que me mueva, o no me mueva, en cada situación. No quiero moverme en mi sabiduría; quiero moverme en tu sabiduría y en tu tiempo. Me comprometo a esperar en ti.

22 de marzo

TENGA LA PACIENCIA SU OBRA COMPLETA

*L*A PRESIÓN, LAS pruebas y las tribulaciones que enfrentas producen el carácter de Cristo en ti. Recuerda eso. Mantén la calma. Enfócate en tu Padre, quien te ama, y sepas que Él no permitirá que te sobrevenga más de lo que puedes resistir.

Yo estoy aquí para ayudarte a soportar la presión, las pruebas y tribulaciones. Ponlos en su perspectiva. Todo lo que experimentas en la Tierra es temporero, y la prueba de tu fe produce paciencia. Deja que la paciencia tenga su obra completa para que seas maduro en Cristo, y no carezcas de nada.

ROMANOS 5:3-4; SANTIAGO 1:2-4;
SANTIAGO 1:12; ROMANOS 12:12

⤖ ORACIÓN ⤖

Quiero ser más como Jesús. Sé que ser como Él significa que voy a enfrentar pruebas que formarán su carácter en mí. Ayúdame a no resistir tu obra en mi vida, sino que me regocije en ella. Ayúdame a gloriarme en mis tribulaciones, sabiendo que la tribulación produce paciencia. Te necesito.

ORA POR QUIENES TE LASTIMAN

A MENUDO, EL DIABLO usa a las personas que están cerca de ti para lanzarte dardos de fuego. A veces logran enfadarse especialmente cuando no les das lo que quieren, cuando quieren. Otras veces hablan palabras negativas sobre tu vida sin darse cuenta lo que están haciendo. Y aun en ocasiones te culpan por sus propias deficiencias.

Ora por aquellos que lanzan los dardos de fuego, obtén el consejo divino, y toma tu escudo de la fe. El Padre resolverá cada situación, y si la situación difícil que estás teniendo es verdaderamente ordenada por Dios, la prueba te hará más fuerte al final.

ROMANOS 12:14; MATEO 18:15-17; 1 PEDRO 4:8

✦ ORACIÓN ✦

Es doloroso cuando las personas cercanas a mí se vuelven contra mí. Ayúdame a caminar en amor con quienes no están caminando en amor conmigo. Ayúdame a demostrar el amor de Cristo, y dejar que el amor suavice sus corazones. Ayúdame a bendecir y no a maldecir. Elijo el amor.

SÉ FIEL A LA VISIÓN

A veces tienes que tomar decisiones duras. A veces tienes que tomar una posición difícil. A veces vas a decepcionar a las personas cercanas a ti. A veces vas a sufrir en cuerpo y alma lo que significa seguirme. Pero tienes que tomar una determinación firme de no dejar que nadie te persuada de la visión que sabes que el Padre te ha dado.

Muchos vendrán a tratar de alejarte de tu destino. Ellos van a venir con distracciones, amenazas y aun con falsa profecía. No dejes de edificar lo que el Padre te ha llamado a edificar. Sé un buen y fiel siervo. Sé que es duro en verdad, pero las recompensas eternas te aguardan.

MATEO 10:38; LUCAS 9:23; NEHEMÍAS 6:1-16

⭢ ORACIÓN ⭠

Yo elijo morir a mí mismo y dejar que Cristo viva en mí, incluso si las personas que me rodean no comparten mi visión. Pero te pido que ayudes a mis familiares y amigos a entender por qué elijo seguirte y hacer tu obra. Protégeme de los enemigos que tratan de detenerme.

EL PERDÓN ES UN ARMA

EL PERDÓN NO aparece en Efesios 6 dentro del conjunto de la armadura, pero no te engañes porque debes ser presto a perdonar a quienes el enemigo usa contra ti. Si no perdonas rápidamente, si te aferras a las ofensas grandes o pequeñas, te pones a ti mismo en riesgo de convertirte en alguien con un espíritu que odias. Aprender a moverte en el espíritu opuesto es una de las salvaguardias contra el engaño de la falta de perdón. Si la amargura es una raíz que contamina, el perdón es una actitud que purifica.

El perdón es un arma en tu arsenal de guerra espiritual. El enemigo se queda sin respuesta ante el perdón. ¿Por qué crees que Jesús nos enseñó a perdonar todos los días?

MATEO 18:21-22; MATEO 6:14; EFESIOS 4:31-32

✦ ORACIÓN ✦

Gracias por revelar el perdón como un arma de guerra. Ayúdame a usar esta arma poderosa para derribar las fortalezas en mi alma que son contrarias a tu amor. No voy a deberle nada a nadie. Yo elijo perdonar hoy y todos los días.

CAMBIA TU PERSPECTIVA SOBRE
LOS ATAQUES ESPIRITUALES

$\mathcal{M}$UY A MENUDO cuando estás en medio de la lucha espiritual, cuando el enemigo está acosándote, te oigo decir tres palabras que me afligen: "Estoy bajo ataque". Escucha atentamente mis palabras y cambia tu perspectiva. Tú no estás bajo ataque; ¡el ataque está debajo de ti! El enemigo está bajo tus pies, y tú estás sentado sobre él en lugares celestiales en Cristo Jesús.

¡Cambia tu perspectiva! Sí, el enemigo está haciendo su trabajo, pero eso no te va a detener de hacer el tuyo. Determina que la voluntad del Padre se hará y que cualquier enemigo que se interponga en el camino de tu asignación celestial se debe inclinar en el nombre de Jesús.

LUCAS 20:42-43; EFESIOS 2:6; ROMANOS 14:11

→ ORACIÓN ←

Declaro que soy más que vencedor en Cristo Jesús. Ayúdame a hablar y actuar creyendo esta verdad cuando me enfrento a los ataques del enemigo. Dame una revelación mayor de tu poder y la autoridad de Jesús que delegó en mí como su representante en la Tierra.

Cada mañana con el Espíritu Santo

CREER POR LO MEJOR

*E*L HOMBRE DICE: "Cuando llueve, llueve a cántaros" [dicho traducido del inglés que quiere decir que cuando las cosas andan mal se suelen empeorar]. Pero podemos redimir ese dicho mundano para la gloria del Padre. Cuando sucedan cosas malas, en lugar de esperar por más cosas malas, espera que mi lluvia de gracia caiga sobre ti, que llueva a cántaros sobre ti. Eso es fe. En lugar de pensar lo peor, en lugar de dejar que el miedo se apodere de ti, cree en mi protección, liberación, sabiduría, sanación, o cualquier otra cosa que necesites se derrame sobre ti como una bendición del cielo. Cree que mi presencia se desborda para ayudarte a través de cualquier obstáculo o circunstancia que el enemigo te haya puesto en tu camino.

SALMO 112:7; ROMANOS 15:13; SALMO 28:7

→ ORACIÓN ←

Espero que cosas buenas sucederán, aun cuando a mi alrededor parezca como si todo anduviera mal. Yo sé que tú deseas y eres capaz de hacer que todas las cosas obren para bien. Ayúdame a sostenerme firme en la fe aun cuando enfrente malas noticias. Ayúdame a mantener la esperanza a pesar de las circunstancias desesperantes.

CAMINA POR LAS PUERTAS
QUE DIOS ABRE

A veces hay un guardián demoníaco que se interpone entre tú y lo que Dios te ha llamado a hacer. El portero cree que tiene autoridad para abrir y cerrar la puerta, pero la verdad es que el Padre es quien abre puertas que nadie puede cerrar, y cierra puertas que nadie puede abrir. No te dejes intimidar por los guardianes demoníacos. No te dejes engañar. ¡El enemigo no prevalecerá contra los planes que el Padre tiene para ti!

Ejerce la autoridad que Jesús te ha dado. Exige que el portero se vaya en el nombre de Jesús, y camina con confianza por las puertas Dios abre para ti.

MATEO 23:13; APOCALIPSIS 3:7; JOB 42:2

✦ ORACIÓN ✦

Gracias por abrir las puertas que necesitan ser abiertas para mí para caminar en tu voluntad. Ayúdame a reconocer las puertas que tú estás abriendo y las puertas que tú estás cerrando. No dejes que el enemigo me engañe tratando de mantener cerrada una puerta que ya tú tienes abierta para mí.

PIDE, Y SE TE DARÁ

¿QUÉ PASARÍA SI simplemente pidieras? ¿Será posible que se manifieste un milagro, si solo pidieras? ¿Qué pasaría si persigues con fe lo que piensas que el Padre te está llamando a hacer? ¿Será posible que excedieras tus propios sueños más salvajes? Te estoy diciendo que es posible. Medita sobre esto: "Pedid, y se os dará; buscad, y hallaréis; llamad, y se os abrirá. Porque todo aquel que pide, recibe; y el que busca, halla; y al que llama, se le abrirá". Nunca sabrás si no pides.

MARCOS 11:24; MATEO 7:7-8; SANTIAGO 4:3

→ ORACIÓN ←

Dame un corazón firme, persistente en pedir, como el de aquella viuda persistente en Lucas 18. Me niego a cansarme de presentar mis peticiones, porque creo que tú eres un Dios que hace posible lo imposible, y sé que oyes mi clamor.

30 de marzo

ESCUCHA SOLO MI VOZ

*E*XISTEN MUCHAS VOCES en el mundo. Algunas te animan. Algunas te destrozan. Otras te derrumban con el pretexto de animarte. Aprende a afinar tu oído para que escuches mi voz y solo mi voz, incluso cuando otros te están hablando.

Te prometo que siempre te dirigiré por el camino correcto. Mi camino es pacífico. Para que mi paz gobierne tu vida, a veces tienes que dejar de escuchar las otras voces que te distraen de lo que yo estoy hablando a tu corazón.

1 CORINTIOS 14:10; JUAN 10:27; COLOSENSES 3:15

→ ORACIÓN ←

Ayúdame a desconectarme de las voces que no están de acuerdo con tu voluntad. Dame un oído para escuchar lo que verdaderamente tú estás hablando. Ayúdame a discernir la sabiduría que viene de lo alto y rechazar la sabiduría terrenal y diabólica que intenta dirigirme al error.

No vivas en los pensamientos negativos del pasado

*H*OY PUEDE SER mejor que ayer, si así lo deseas. Muchas veces te veo viviendo en los pensamientos negativos que el enemigo pone en tu mente, ya sean de ayer o la semana anterior. Mi amigo, vivir en los pensamientos del pasado, sean de un pasado distante o reciente, priva tu capacidad para disfrutar el día de hoy. La batalla está en tu mente, y puedes ganar la batalla decidiendo deliberadamente dejar el pasado atrás e ir en pos del buen plan del Padre para hoy. El enemigo podría no huir de inmediato, y podría continuar recordándote lo malo de ayer, pero estás para siempre con Jesús, ¡entonces piensa mejor en eso!

HAGEO 2:9; JOB 8:7; FILIPENSES 3:13-14

→ ORACIÓN ←

Ayúdame a mantener la eternidad en mi mente, para fijar mi mente en las cosas de arriba, no en las cosas terrenales, incluso mientras camino por días difíciles. Yo me comprometo a dejar el ayer atrás y te pido me des la fuerza para no vivir en el pasado.

Abril

Aún tengo muchas cosas que deciros, pero
ahora no las podéis sobrellevar.
Pero cuando venga el Espíritu de verdad, él os
guiará a toda la verdad; porque no hablará por su
propia cuenta, sino que hablará todo lo que oyere,
y os hará saber las cosas que habrán de venir.
El me glorificará; porque tomará de
lo mío, y os lo hará saber.
Todo lo que tiene el Padre es mío; por eso dije
que tomará de lo mío, y os lo hará saber.

—Juan 16:12–15

¿ME PERMITIRÁS ESTIRARTE?

¿*V*AS A RENDIRTE a mí completamente? ¿Quieres someterte a mi voluntad, incluso cuando parezca contrario a tu voluntad? ¿Me permitirás que yo te estire en esta temporada? Quiero ampliar tu capacidad para mantener las cosas espirituales, pero eso significa tener que dejar ir las cosas carnales para hacer más espacio para mí. Eso significa cultivar una nueva cosecha de mi fruto en tu corazón.

Quiero que mis dones fluyan a través de ti, pero eso significa que debes soltar las cosas que dificultan el fluir de mi amor. ¿Me permitirás estirarte? ¿Podrás disminuir a tu yo para que Cristo pueda aumentar en tu corazón?

SANTIAGO 4:7; ROMANOS 8:7; JUAN 3:30

→ ORACIÓN ←

Te digo sí a ti, Espíritu Santo. Te digo sí a tu voluntad y tus caminos, incluso cuando no logro entender tu obra en mi vida. Te pido que amplíes mi capacidad espiritual, que agrandes mi corazón para amarte más, y que me ayudes a rendir todo lo que está entorpeciendo en el camino.

2 de abril

SIGUE MI ESTRATEGIA DE GUERRA ESPIRITUAL

*C*UANDO SE TRATA de la guerra espiritual, hay un tiempo para gritar y un tiempo para estar en silencio. Yo soy quien te da la estrategia de guerra espiritual. Yo soy quien te da el plan de acción que conduce a la victoria. Cuando caminas en mi sabiduría para la guerra espiritual, puedes estar seguro de que el enemigo será entregado en tus manos.

A veces, tendrás que mantener la calma, como cuando los israelitas quedaron atrapados entre el mar Rojo y el ejército egipcio. Otras veces, tendrás que gritar como Josué en Jericó. Antes de apresurarte a la batalla contra tus enemigos espirituales, pídeme la estrategia. Yo te guiaré a la victoria.

Éxodo 14:13-14; Josué 6:2-5; 2 Corintios 2:14

→ ORACIÓN ←

Muéstrame cuando es el momento de gritar y cuando es el momento de permanecer en silencio. Muéstrame tu plan de acción y tu plan de batalla y tu tiempo. No puedo luchar con mis propias fuerzas, pero tu poder y tu autoridad siempre me han colocado en posición de imponer la victoria de Cristo.

Cada mañana con el Espíritu Santo

SIGUE LEVANTÁNDOTE

*N*O ESPERO QUE seas perfecto. Cuando caigas, levántate de nuevo. Incluso si has cometido el mismo error mil veces, si continúas declarándole la guerra a tu mal comportamiento, es muy probable que obtengas la victoria sobre tus malos hábitos. Una forma de definir la guerra espiritual es simplemente "sobreviviendo al diablo". Así que cuando peques, arrepiéntete. Si pecas nuevamente, arrepiéntete otra vez. Solo sigue levantándote. El hombre justo cae siete veces y se levanta de nuevo.

No dejes de luchar contra el pecado que está en guerra contigo. Yo te daré la fuerza para soportar cualquier cosa y todo lo que se levante contra ti, incluso tu carne. Apóyate en mí cuando te sientas débil.

PROVERBIOS 24:16; 1 JUAN 1:9; HECHOS 3:19

⤞ ORACIÓN ⤝

Cuando soy débil, tú eres fuerte. Ayúdame a apoyarme en tu fuerza y tu poder para hacer lo correcto frente a cada tentación. Agradezco que siempre me fortaleces para que pueda superar por tu gracia mis malos hábitos y acciones pecaminosas.

BUSCA COMPLACER A DIOS, NO AL HOMBRE

*N*O SE PUEDE complacer a todo el mundo. Un grupo se enojará si dices algo, y un segundo grupo se enfadará si dices otra cosa. Un tercer grupo se enojará si no dices nada. Así que deja de tratar de complacer a todos y enfócate en complacer al Padre. Es así de sencillo.

Las personas pueden atacarte y crujir los dientes por ti como los fariseos religiosos crujieron los dientes por el discípulo Esteban. Pero si estás seguro de que está agradando al Padre, entonces la guerra espiritual, los ataques, la crítica, e incluso los elogios del hombre, no te deben importar. Así tendrás paz y deleite en mí. Busca complacer al Padre, ¡no al hombre!

PROVERBIOS 29:25; GÁLATAS 1:10; PROVERBIOS 16:7

→ ORACIÓN ←

*Si tengo que elegir entre agradar a Dios y
al hombre, elijo agradar a Dios. Ayúdame
a tomar siempre esa decisión, incluso frente
a gente enfadada que no entiende. Dame
la paz que sobrepasa todo entendimiento al
estar en tu voluntad, no importa la que sea.*

5 de abril

NO TE PREOCUPES POR NADA

¿**Q**UÉ BIEN TE hace preocuparte? Piensa en esto por un minuto. Mejor no lo pudo decir Jesús en el Sermón del Monte: Él dijo que no te preocuparas sobre tu vida, lo que habrías de comer o beber o vestir. En otras palabras, no te preocupes por tu provisión. ¡No te preocupes por nada! Lo tenemos todo cubierto.

Sí, surgen problemas en la vida, pero no hace bien que te preocupes. La preocupación demuestra una falta de fe, y dificulta las cosas que están listas y dispuestas por el Padre para tu provisión. Echa tus preocupaciones en Jesús, porque Él tiene cuidado de ti. No te permitas estar ansioso o estresado por nada que el enemigo lance en tu camino.

MATEO 6:25-34; 1 PEDRO 5:7; FILIPENSES 4:6-7

✦ ORACIÓN ✦

Tienes razón. No es bueno que me preocupe, porque yo sé que tú me cuidas atentamente, así que elijo echar mis ansiedades sobre ti. Ayúdame a no tomar esas preocupaciones y ponerme ansioso nuevamente, sino que las pueda dejar en tus manos. Confío en ti.

No hay derrota en Cristo

Cuando todo el infierno se desate contra ti, recuerda que todo el cielo está detrás de ti. Una multitud de ángeles está ministrando en tu nombre. Si solo pudieras ver en el reino espiritual, así como el siervo de Eliseo, entenderías que son más los que pelean contigo que los que están luchando contra ti. Mírame a mí, no al enemigo. Medita en la Palabra en lugar de escuchar los pensamientos de temor del enemigo.

Celebra tu victoria. No considere la posibilidad de la derrota. No hay derrota en Cristo, y tú estás en Cristo. Corre a la línea de batalla en el nombre de Jesús, y ten seguro que los demonios tendrán que someterse. Tu parte es orar y ejercer tu autoridad mientras te guío paso a paso.

Hebreos 1:14; 2 Reyes 6:8-17; Romanos 8:37

⟶ Oración ⟵

Gracias porque tengo tu respaldo. Te doy gracias por el nombre de Jesús. Gracias por darme las armas de mi milicia. Gracias porque nunca puedo perder en Cristo. Ayúdame a seguir tu dirección en medio de cada lucha espiritual.

VERÁS QUE TU FUTURO SERÁ
MAYOR QUE TU PASADO

ETERMINA QUE TU futuro será mayor que tu pasado. Determina que entrarás en una nueva temporada de intimidad con Dios. Determina que vas a dejar ir las cosas que quedaron atrás y proseguirás a la meta, al premio del supremo llamamiento de Dios en Cristo Jesús.

Avívate en la santísima fe, orando en el Espíritu. Verás algo nuevo. Verás los sueños realizarse. Verás la restauración. Verás que me muevo en tu vida. Tu determinación, esperanza y fe te ayudarán a darte cuenta de que te doy lo mejor hoy y todos los días.

HAGEO 2:9; JUDAS 20; FILIPENSES 3:12-14

✦ ORACIÓN ✦

Quiero una relación más íntima contigo. Ayúdame a dejar a un lado todo lo que está impidiéndome acercarme a ti. Muéstrame lo que tengo que hacer para prepararme a mí mismo para lo que el Padre quiere hacer en mi vida. Estoy dispuesto y quiero ser obediente.

8 de abril

SOPORTA EL CAMBIO

*E*L CAMBIO ES un proceso, y a menudo se trata de un proceso desagradable. Como yo te estoy transformando de gloria en gloria, es probable que las cosas pudieran empeorar antes de que se vean mejor. No te resistas al proceso cuando las cosas se vean mal. No huyas de lo que estoy haciendo en tu corazón. Mantente colaborando conmigo hasta que veas el cambio que deseas en tu vida.

Si soportas el cambio que estoy haciendo en ti, vas a salir al otro lado con una nueva gratitud, nueva perspectiva, nueva eficacia, nuevas bendiciones, y mucho más. Y recuerda, nunca dejarás de cambiar, siempre y cuando estés en tu cuerpo físico. Abraza mi obra en tu vida. No siempre es divertido, pero vale la pena.

2 CORINTIOS 3:18; JOB 22:21; ROMANOS 12:1-2

✦ ORACIÓN ✦

Ahora mismo presento mi cuerpo como un sacrificio vivo a ti. Cámbiame como mejor te parezca. Renueva mi mente. Muéstrame mis caminos pecaminosos para que yo pueda salir de ellos y abrazar la transformación. No voy a resistir tu proceso.

COMIENZA A PENSAR COMO YO PIENSO

*L*AS ARMAS DE guerra espiritual que tienes son poderosas para derribar fortalezas. Considera esto: Jesús es tu roca, tu fortaleza, y tu Salvador. Hay protección en Él. Él es tu escudo, tu lugar seguro. El nombre de Jehová es torre fuerte, más alta que cualquier bastión que el enemigo pueda erigir en tu mente.

Cuando te mantengas alineado con mi forma de pensar, guardaré tu mente de las imaginaciones demoníacas que tratan de construir una fortaleza en tu alma. Derriba esas imaginaciones y cada pensamiento que trata de exaltarse a sí mismo por encima de mis pensamientos. Medita en mi Palabra y serás menos vulnerable a las palabras de Satanás.

2 CORINTIOS 10:4-5; SALMO 18:2;
PROVERBIOS 18:10

✢ ORACIÓN ✢

La Palabra de Dios dice que puedo derribar
las imaginaciones. Ayúdame a discernir las
imaginaciones vanas que tratan de levantar
una fortaleza en mi mente y fortalecer los sis-
temas de creencias equivocados. Enséñame
a alinear mis pensamientos con los tuyos.

EMPUÑA LA ESPADA DEL ESPÍRITU CONTRA EL ENEMIGO

A MENUDO, LAS COSAS no son tan malas como parecen. El enemigo es un maestro en montar cortinas de humo y magnificar tus circunstancias por encima de mi Palabra. Pero mi Palabra nunca falla. Mi amor nunca falla. Así que toma la espada del Espíritu, empúñate de ella con tu boca, y pelea contra cualquier oposición a mi Palabra que se esté manifestando en tu vida. Esa es la buena batalla de la fe. Estás luchando para creer. Así que lucha con mi Palabra, la cual renueva tu mente con la verdad y protege tu alma contra las mentiras del enemigo.

MATEO 24:35; EFESIOS 6:17; 1 TIMOTEO 6:12

→ ORACIÓN ←

Tú nunca me has fallado. Tu amor nunca falla. Tu Palabra nunca falla. Ayúdame a ver la verdad en medio de las mentiras del enemigo. Ayúdame a pararme firme en esa verdad, cuando todo a mi alrededor parece estar tambaleando. Me comprometo a pelear la buena batalla de la fe con la espada del Espíritu.

SÉ RÁPIDO EN PERDONAR

CUANDO TÚ ESTÁS enojado y frustrado, tienes que hacerte una pregunta sincera: ¿Has permitido que el resentimiento se acumule en tu corazón? A menos que seas intencional en perdonar, y ser rápido en perdonar, residuos de resentimiento se van a ir acumulando en tu corazón de la misma manera que el sucio se acumula en un parabrisas. Con el tiempo, se va profundizando en tu corazón y formando una raíz de amargura. La ira y la frustración, a menudo, se arraigan en la falta de perdón de esas pequeñas molestias que van ocurriendo en el transcurso de la vida. Eventualmente, la olla del resentimiento se desbordará. Apresúrate a perdonar, cada vez que te molestes por algo. Sé rápido en perdonar.

HEBREOS 12:15; COLOSENSES 3:13;
1 CORINTIOS 13:4-7

→ ORACIÓN ←

Muéstrame cualquier resentimiento, amargura, o falta de perdón en mi corazón. Yo no quiero ser parte de eso. Decido perdonar, y renuncio a los malos pensamientos y las emociones que se oponen a tu mandato para perdonar.

12 de abril

EL PADRE SABE LO QUE PUEDES MANEJAR

EL ESTADO DE agobio no proviene de mí. El Padre no va a poner más en ti de lo que puedes manejar. Él no permitirá que venga más a ti de lo que puedes soportar. Esa no es la forma en que operamos. Sabemos cuál es tu capacidad. Sabemos lo que puedes manejar. Sabemos para qué estás listo.

Si estás abrumado, la presión que estás recibiendo no es de nosotros. Tú estás recibiendo presión del hombre o del enemigo de tu alma. Rechaza la presión del hombre. Levántate y deshazte de las amenazas del enemigo. Tú eres un vencedor victorioso. Supera ahora el sentido de agobio meditando en Jesús. Confía en Él para lidiar con quienes te están presionando para que hagas algo que el Padre no te ha llamado a hacer.

1 Corintios 10:13; Santiago 1:13; Salmo 118:5-6

✦ ORACIÓN ✦

Gracias por darme la sabiduría para establecer límites saludables en mi vida. Gracias por darme la fuerza para resistir la tentación de ser abrumado y estresado. Y gracias por darme la solución. Voy a confiar en ti para que me ayudes.

13 de abril

Concéntrate en quién eres en Cristo

Tú eres una nueva creación en Cristo. Eres definido por lo que Cristo hizo en la cruz: eres salvo, sano, libre y próspero en Él. El enemigo podrá hacerte espejismos para distraer tu atención de esta realidad. Él no quiere que sepas quién eres en realidad. Él no quiere que sepas quién es realmente Jesús. Él quiere que te enfoques en su mal en lugar del bien del Padre.

Mantente enfocado en Jesús, quién eres en Él y quién es Él en ti, y no caerás en las trampas del enemigo. La revelación de Jesús y quién eres en Él es algo que crece mucho más y más profundo mientras más se medita en Él.

2 Corintios 5:17; Isaías 54:14; 1 Juan 4:4

→ Oración ←

Revela a Jesús en mí de una nueva manera. Muéstrame quién soy en Cristo. Guíame a la verdad a medida que medito en los versículos bíblicos que dicen quién realmente soy y lo que puedo hacer como un hijo de Dios. Quiero una revelación más profunda de quién es Jesús y lo que soy en Él.

ESPERA EN MÍ

*E*SPERA EN MÍ. Solo espera. No te muevas hasta que te lo indique. No actúes hasta que te muestre lo que debes hacer. No hables hasta que tengas perfecta paz en tu corazón. Espera en mí. Solo espera. Mi momento es perfecto, y te llevaré a donde necesitas ir justo en el momento preciso para que encuentres la bendición que está para ti.

Te prometo que si esperas en mí, cuando te muevas, actúes o hables, lo harás con mi fuerza y gracia. Aun tus enemigos reconocerán la unción en ti. Espera en mí.

PROVERBIOS 3:5-6; SALMO 33:20-22; LUCAS 12:12

✦ ORACIÓN ✦

Gracias por guiarme con tu paz. No me moveré hasta que la paz inunde mi corazón. Muéstrame qué camino tomar, enséñame qué decir y cuándo, y prepara una mesa para mí en presencia de mis enemigos. ¡Que Cristo sea glorificado en mi vida!

DEJA QUE LA PALABRA Y EL ESPÍRITU SEAN TU FUNDAMENTO

*E*L HECHO DE que las circunstancias en tu vida den vueltas y vueltas alrededor de ti no significa que tú tengas que hacerlo también. Cuando sientas como si estuvieras girando en círculos, como cuando tomas uno de esos paseos en la feria que te pone tan mareado que no puedes caminar en línea recta, incluso después de parar, enfoca tu mente y agarra la Palabra de Dios. Ella te afirmará en sabiduría, paz, gozo y amor si se lo permites.

Si estás pasando por pruebas y tribulaciones turbulentas, ora en el Espíritu y confía en que yo estoy liberando la oración perfecta al Padre en tu nombre. La Palabra y el Espíritu están de acuerdo.

ECLESIASTÉS 4:12; 1 JUAN 5:6-7; JUAN 17:17

⟡ ORACIÓN ⟡

Me pongo de acuerdo en este momento con tu Espíritu y tu Palabra, que son la verdad. Me rehúso a elevar mis circunstancias por encima de tu verdad. Ayúdame a caminar en tu verdad, aun en medio de las pruebas y tribulaciones que tratan de distraerme.

Corre al Padre cuando te caigas

Cuando tropieces, corre al Padre. Si tienes que ir gateando, hazlo. El enemigo quiere que huyas de mí cuando haces o dices algo que me contrista. Huir solo hará más difícil que te levantes en mi poder y luches contra los malos pensamientos, las palabras y los actos.

Corre al Padre cuando te tropieces. Él es capaz de ponerte en pie, incluso si vienes a Él con el pecado en tus manos. Tu restauración es tan rápida como tu verdadero arrepentimiento. Ahora, pues, ninguna condenación hay para los que están en Cristo Jesús. Vuélvete a tu Redentor y deja que Él te lave con el agua de su Palabra una vez más. Él quiere hacerlo.

JUDAS 24; 1 JUAN 1:9; ROMANOS 8:1

✦ ORACIÓN ✦

*Gracias por tu disposición de perdonarme
una y otra y otra vez. Ayúdame a correr
siempre a ti cuando peco en el pensamiento,
por palabra o acto, para que pueda recibir tu
perdón y realinear mi corazón con el tuyo.*

Cada mañana con el Espíritu Santo   111

DA VIDA A LOS PENSAMIENTOS DE DIOS

*E*L ENEMIGO NO tiene por qué estar alimentándote con una constante corriente de imaginaciones. Todo lo que él tiene que hacer es plantar la semilla. El Padre te creó con un intelecto y la capacidad de razonar, pero con demasiada frecuencia tu razonamiento está regando las semillas equivocadas. También, a menudo, tu razonamiento está dando vida a los pensamientos del enemigo en tu mente en lugar de dar vida a mis pensamientos.

Ciñe los lomos de tu entendimiento. Deja de meditar en las palabras negativas que el enemigo te está hablando. Derriba esas imaginaciones y piensa en las cosas que son puras, amables, y así sucesivamente. Así cambiará tu mente y mejorará tu vida.

1 PEDRO 1:13; 2 CORINTIOS 10:5; FILIPENSES 4:8

✦ ORACIÓN ✦

*Sé que a veces mi razonamiento me lleva
a la confusión, y tú no eres el autor de la
confusión. Ayúdame a guardar mi mente
de pensamientos negativos que el enemigo de mi alma me susurra y a pensar en
el buen plan que tienes para mi vida.*

ESPERA POR MI DIRECCIÓN

*N*o HAGAS NADA hasta que yo te muestre lo que has de hacer. Sé que a veces te sientes como si estuvieras en modo de crisis, pero eso es parte del plan del enemigo para traer el caos y la confusión a tu alma. Quiero que sepas y creas esto: tu Padre celestial está en control. A Él no le sorprenden las cosas que a ti te sorprenden. Respira profundamente y obtén claridad en cuanto a su plan. El diablo quiere que corras y te adelantes a nosotros, y así harás un lío más grande y cometerás más errores. Resiste esa tentación. Estate quieto y conoce que yo soy Dios, y espera por mi dirección. Yo sé cuál es el camino que tienes que seguir, y es perfecto.

SALMO 27:13-14; LAMENTACIONES 3:25;
SALMO 40:1-17

⇾ ORACIÓN ⇽

Me comprometo a esperar en ti. No tomaré ni un paso, ni me moveré una pulgada, en situaciones difíciles hasta que me muestres el siguiente paso. Gracias por siempre ordenar mis pasos y compartirme tu sabiduría. Gracias por dirigirme y guiarme en la verdad.

DEJA IR LA FRUSTRACIÓN

*E*STAR FRUSTRADO no te lleva a ninguna parte rápidamente, excepto a la ansiedad, la ira y toda clase de reacciones dañinas. Cuando sientes que estás frustrándote, es que has dejado de recibir mi gracia. No te muevas por delante de mí, ni cuestiones mi capacidad. Solo respira profundamente y ten la certeza que yo voy a obrar, ya sea en esa tarea difícil, en esa persona que te molesta, o en alguna dolencia del cuerpo. Deja ir la frustración y recibe mi gracia que te da el poder para avanzar hacia tu meta. Yo creo en ti, y lo que a ti te frustra no me frustra a mí. Deja que mi paz te sobrecoja ahora.

ISAÍAS 41:10; JUAN 16:33; ROMANOS 8:28

→ ORACIÓN ←

Espíritu Santo, necesito tu gracia. Tú eres el Espíritu de gracia. Ayúdame a rechazar la emoción de la frustración que me hace moverme en la carne y evita que te escuche claramente y reciba tu ayuda. Enséñame a caminar en tu paz.

20 de abril

QUIERO QUE PERMANEZCAS
EN MI PERFECTO AMOR

CUANDO BENDICES MI nombre, bendices mi corazón. Cuando bendices mi corazón, bendigo tu corazón. En ese momento, estamos en completa unidad, bendiciéndonos unos a otros con un amor perfecto. El perfecto amor echa fuera el temor, derriba toda imaginación indeseable, y aleja toda ansiedad y preocupación. En ese perfecto amor es donde quiero que habites, aun más allá de tus momentos de adoración. Tu obediencia proveniente de tu amoroso corazón me bendice y me provoca a bendecirte. Quiero que camines en la revelación de que tu bendición hacia mí regresa en bendición hacia ti, y experimentas el fruto de mi amor obrando en tu vida.

SALMO 113:2; 1 JUAN 4:18; JUAN 14:23

⁜ ORACIÓN ⁜

*Quiero permanecer en tu perfecto amor,
¡qué glorioso lugar para habitar! Te bendigo con todo lo que soy. Bendigo tu nombre
y prometo serte fiel. Quiero que me ayudes
a caminar en todo momento en ese perfecto amor que la Escritura describe.*

Cada mañana con el Espíritu Santo

NO GUARDES RENCOR CONTRA LOS JUDAS EN TU VIDA

*E*N ALGÚN MOMENTO te has encontrado o encontrarás con algún Judas en tu vida. Pero recuerda, Jesús no guardó rencor contra Judas. Sabía que el Padre iba a utilizar su traición para un propósito mayor. Jesús no arremetió contra Judas, sino que Él se sometió completamente a la voluntad del Padre, y al final, esa traición llevó a la salvación de muchos.

Todo el mundo se encuentra con un Judas. ¿Va a guardar rencor, resistir la obra del Padre a través del dolor, y atacar al traidor? ¿O vas a someterlo todo al Padre y creer que Él hace todas las cosas para el bien de aquellos que le aman y son llamados conforme a su propósito? Muchas vidas pueden depender de tu respuesta.

LUCAS 22:48; LUCAS 22:42; ROMANOS 8:28

⇾ ORACIÓN ⇽

Someto mi corazón y mi vida a tu voluntad. Cuando sea traicionado o calumniado, ayúdame a responder de acuerdo a tus caminos y no a mi carne. Ayúdame a ser presto para perdonar, aun a aquellos, y especialmente, que están más cerca de mí.

22 de abril

TEN UNA VISIÓN ETERNA DE TU VIDA

SITUACIONES REPENTINAS: ALGUNAS son buenas y otras son devastadoras. No importa qué tipo de situación estás experimentando, mantén los ojos puestos en Jesús. Evita la montaña rusa emocional que las circunstancias suscitan. Ya sea que, de repente, has recibido la mejor o la peor noticia de tu vida, recuerda que este mundo se desvanece. Solo la fe, la esperanza y el amor permanecen.

Toma la perspectiva de Cristo. Ten una visión eterna de tu vida. Permanece fijo en mis propósitos. Las circunstancias van y vienen, pero la Palabra de Dios permanece para siempre. Las circunstancias cambiarán para mejor o peor, pero Jesús nunca cambia. Mantente fijo en Él. ¡Tú tienes la victoria en cada situación repentina!

1 CORINTIOS 13:13; MALAQUÍAS 3:6; HEBREOS 13:8

✦ ORACIÓN ✦

Tu esperanza es el ancla de mi alma. Tu Palabra estabiliza mis emociones en los buenos y malos momentos. Ayúdame a poner mi mirada fija en ti y mantener una perspectiva eterna cuando me enfrente a los "repentes", que estoy seguro vendrán a mi vida.

OPTA POR DEJAR QUE LA PAZ GOBIERNE EN TU CORAZÓN

*J*ESÚS LO DIJO claramente cuando estableció que dejaría su paz para que gobernara en tu corazón. Tú tienes la paz de Jesús, esa paz perfecta e imperturbable, en tu corazón porque Él te dejó su paz.

Cuando las perturbaciones vienen, tú tienes una opción. Tienes que optar por "dejar" que la paz de Jesús gobierne en tu corazón. En otras palabras, Jesús ya hizo su parte: Él te dio su paz. Ahora tú tienes que hacer la tuya: tienes que permitir que esa paz gobierne. Rechaza cada asignación del enemigo que trate de robar tu paz. Comprométete a un estilo de vida de paz. Como resultado, serás más poderoso.

COLOSENSES 3:15; JUAN 14:27;
2 TESALONICENSES 3:16

⟶ ORACIÓN ⟵

El mundo no es pacífico, pero tú sí. Anhelo tu paz. Dame una revelación más profunda sobre la paz que Jesús me dejó, y ayúdame a resistir la tentación de abandonar el camino de la paz y andar en el caos de esta era. Tú eres mi paz.

24 de abril

DISCIERNE RÁPIDAMENTE LOS DISPOSITIVOS DEL ENEMIGO

CUANDO SIGUES ENFRENTANDO el mismo obstáculo una y otra vez, en algún lugar algo está mal. Yo puedo ayudarte. Generalmente, se trata de un patrón de pensamiento equivocado, pero a veces es el enemigo utilizando los mismos viejos trucos para detenerte. Cuando estás dispuesto a permitir que algo te detenga, ya sea un fuerte dolor de cabeza o una discusión en tu casa, el enemigo continuará utilizando la misma táctica para detenerte la próxima vez. Es por eso que necesitas discernir el patrón demoníaco y perseverar a través de la resistencia.

2 CORINTIOS 2:11; HEBREOS 5:14;
PROVERBIOS 18:15

✦ ORACIÓN ✦

Tú ves y conoces todas las cosas. Ayúdame a discernir los obstáculos que surgen en mi camino, sean los dispositivos que el enemigo intenta colocar o simplemente que mi carne quiere rebelarse contra ti. Quiero caminar en tu plan perfecto. Ayúdame a perseverar a través de cualquier obstáculo o contra toda resistencia a tu voluntad.

¡NO RETROCEDAS!

A veces te veo retrocediendo debido a que estás cansado de la batalla. Entiendo tu retirada, pero tengo algo que decir al respecto: Levántate porque la victoria es tuya. Rehúsa permitir que el enemigo te atrase, que te haga girar a la derecha o la izquierda, o que te arrincone. Levántate en el poder de mi fuerza, y yo mostraré mi poderío en tu nombre.

En la cruz, Jesús puso a tus enemigos en vergüenza. Abraza la obra de la cruz, y caminarás con valentía frente a todos los que se te oponen. Los justos están confiados como un león. Así que no retrocedas. Levántate. Estoy contigo.

Isaías 60:1; Efesios 6:10; Proverbios 28:1

✢ ORACIÓN ✢

¡Gracias por el poder de tu fuerza! Yo me levantaré en tu fuerza con la confianza de que tú me has dado la victoria. Ayúdame a apoyarme en ti y no en mi propia fuerza, mientras camino a través de este mundo en tinieblas tratando de lograr tu voluntad.

DISPONTE A LUCHAR

*M*UCHOS CREYENTES PONEN un punto prematuro después de "lucha" en Efesios 6:12. Se detienen después de la frase: "porque no tenemos lucha". Pero date cuenta de que estás en una guerra espiritual contra principados y potestades. Tú eres un ciudadano del reino de Dios, y los demonios en el reino de las tinieblas traman un complot contra ti. Si tú no luchas, si no ejerces tu autoridad en Cristo, no caminarás en la victoria completa que Cristo ganó para ti. No te centres excesivamente en el enemigo, pero tampoco te confíes de él. Hay fortalezas espirituales sobre tu ciudad y tal vez aun sobre tu vida. Corre rápidamente a la línea de batalla cuando te dirijo, porque tu victoria es segura.

EFESIOS 6:12-20; FILIPENSES 3:20;
1 SAMUEL 17:48

⇸ ORACIÓN ⇷

Mi ciudadanía está en los cielos. Estoy sentado en lugares celestiales en Cristo Jesús. Recuérdame eso para cuando las cosas en esta tierra parecen contradecir la victoria que sé es mía. Dame la sabiduría para ir al frente de batalla para hacer cumplir la victoria de Cristo.

Cada mañana con el Espíritu Santo   121

MANTENTE DESCASCARANDO

Solo mantente descascarando lo que sea que te resista o bloquee tu camino. Aunque no veas el progreso con tus ojos naturales, estás haciendo una mella en el espíritu. Piensa en esto: si le das un golpe a un árbol con un hacha diez veces al día, ese árbol eventualmente caerá. Puede que tomes más tiempo del que quisieras, pero tarde o temprano, el árbol se vendrá abajo.

Este principio se aplica de igual manera en el ámbito espiritual. Si no te das por vencido, lo que se esté resistiendo finalmente caerá. Si te mantienes firme haciendo lo que te dije que hicieras, aunque no veas resultados visibles, tarde o temprano lo verás. Mantente descascarando.

GÁLATAS 6:9; LUCAS 11:9-10;
2 TESALONICENSES 3:13

☙ ORACIÓN ❧

Ayúdame a resistir la tentación de renunciar cuando estoy cansado. Dame un espíritu persistente y perseverante frente a los obstáculos que se interponen en el espíritu y en la carne. Ayúdame a caminar por fe y no por vista, para así no desanimarme cuando las cosas no se vean bien.

28 de abril

CREE QUE DIOS ESTÁ OBRANDO

*L*AS COSAS PUEDEN parecer muy diferentes mañana, así que mantén tu paz. No tomes ninguna decisión hoy, y no te desanimes. Muchas veces, cuando el infierno se ha desatado en tu contra, el enemigo se irá tan rápido como llegó, si te quedas quieto. La clave está en no dejarse atrapar por el drama. Tú lo puedes lograr creyendo de todo corazón que el Padre está en control, echando tus preocupaciones sobre Jesús, pidiendo mi ayuda, y creyendo que todo eso obrará para bien y que saldrás de esa experiencia victorioso, más fuerte y con mayor sabiduría.

SANTIAGO 1:19; ISAÍAS 59:19; 1 PEDRO 5:7;
2 CORINTIOS 4:17-18

✦ ORACIÓN ✦

Cuando el enemigo venga contra mí como un río, ¡levantaré bandera contra él! Ayúdame a recordar que esto también pasará. Ayúdame a aferrarme de tu Palabra en medio de la lucha, que sea presto para oír tu voz, y sea lento para hablar de mi alma.

TÚ NO TIENES QUE RESPONDER

A veces, la respuesta que no se da es la mejor respuesta. Cuando alguien te ataca verbalmente, a veces es prudente guardar silencio. A veces se puede explicar con una respuesta suave y esperar que amaine la ira de la persona. Pero a veces, la respuesta que no se da es la mejor respuesta.

No medites en la negatividad. Vuélvete al Padre y ora por la persona que te está atacando. Podría ser que venga donde ti con una disculpa. O podría ser que te siga atacando más porque él piensa que el primer ataque no te llamó la atención. De cualquier manera, te has movido al espíritu contrario, y el Padre está complacido. No respondas al ataque, a menos que yo te dé las palabras que vas a decir. Mientras tanto, permanece en oración.

MATEO 26:63; MARCOS 14:61; 1 PEDRO 3:9

⇢ ORACIÓN ⇠

Pon guarda a mi boca. Mantén un vigía en la puerta de mis labios. No dejes que mi corazón se inquiete, porque solo conduce al mal. Ayúdame a resistir la tentación a devolver mal por mal o maldición por maldición o insulto por insulto. Ayúdame a no responder.

30 de abril

QUÉ SIGNIFICA REALMENTE
ESPERAR EN EL SEÑOR

SI ESPERAS EN el Señor, tus fuerzas serán renovadas. Esa es nuestra promesa. Pero nosotros no hacemos tu parte. Tú tienes que hacer la espera.

¿Qué significa esperar en el Señor? Significa sentarse en mi presencia. Significa contemplar la belleza de Jesús. Significa no correr delante de mí para tratar de solucionar la crisis que está drenando tus fuerzas. Significa estar a la expectativa de que yo aparezca y derrote a tus enemigos por ti, que te reivindique, o te promueva. Cuando te apoyas por completo en mí y no en tu propia inteligencia, estás en una posición fuerte. De hecho, mi poder se perfecciona en tu debilidad.

ISAÍAS 40:31; SALMO 27:4; PROVERBIOS 3:5-6

⟶ ORACIÓN ⟵

No quiero correr delante de ti. Seduce mi co-
razón con tu amor, para que yo no me mueva
sin tu dirección. Dame tal sensibilidad a tu
Espíritu que no esté dispuesto a moverme
a menos que tú lo hagas. Gracias por ense-
ñarme lo que significa esperar en el Señor.

Mayo

Cuando llegó el día de Pentecostés, estaban todos unánimes juntos. Y de repente vino del cielo un estruendo como de un viento recio que soplaba, el cual llenó toda la casa donde estaban sentados; y se les aparecieron lenguas repartidas, como de fuego, asentándose sobre cada uno de ellos. Y fueron todos llenos del Espíritu Santo, y comenzaron a hablar en otras lenguas, según el Espíritu les daba que hablasen.

—Hechos 2:1–4

Mi poder habita en ti

A veces, necesitas dar un paso atrás y respirar hondo. Está bien. Respira. El Padre te da el aliento de vida. Yo vivo en ti y te doy el poder. No tomes por sentado nuestra vida y nuestro poder. Medita en ellos y sentirás que mi fortaleza se levanta en tu corazón.

Considera esto: el Espíritu que resucitó a Cristo de entre los muertos habita en ti. Tu oración ferviente y eficaz desata un tremendo poder a tu disposición. Tú aún no te das cuenta de lo poderoso que realmente eres en Cristo. Te estoy diciendo que ningún demonio puede detenerte. Respira profundamente, y luego levántate y haz la voluntad del Padre para tu vida. Estoy contigo.

Job 33:4; Romanos 8:11; Santiago 5:16

⟶ Oración ⟵

Me niego a tomar tu empoderamiento por sentado, pero meditaré en que tú has hecho morada en mi espíritu hasta que yo sepa bien que tú estás conmigo. Muéstrame el gran poder que tengo como un hijo de Dios para que mi confianza en Dios crezca.

2 de mayo

MANTENTE FIRME Y ADELANTE EN EL REINO

*E*L REINO DE los cielos sufre violencia y los violentos lo arrebatan. Esta verdad implica que una guerra espiritual se está librando, y fuerzas de resistencia se interponen entre ti y la voluntad del Padre para tu vida, para tu familia y para la tierra. ¿Quieres ser un vencedor? Mantente firme y adelante en el reino, y cuando hayas embestido con todo lo que puedes, embiste un poco más fuerte.

Te daré el poder para que sigas firme y adelante al cumplimiento de la perfecta voluntad del Padre en tu vida. Si no renuncias, vas a ganar. No puedes perder si sigues perseverando firme en el reino. Tú tienes la victoria en Cristo. Créela y vivirás en ella.

MATEO 11:12; SANTIAGO 4:7; FILIPENSES 2:13

✦ ORACIÓN ✦

Voy a someterme al Padre y mediante su poder podré resistir al diablo y todas sus maquinaciones. Ayúdame a perseverar firme contra todo lo que se resista en el reino espiritual. Ayúdame a perseverar firme contra mi carne que hace guerra contra ti. Ayúdame a perseverar firme y adelante, no importa lo que venga.

TÚ ERES "MÁS QUE" EN CRISTO

*N*O DEJES QUE nadie te haga sentir "menos que". Familia. Amigos. Hermanos y hermanas en la fe. A veces te menosprecian para exaltarse a ellos mismos. A veces, ellos saben lo que están haciendo, y a veces no. Independientemente, la verdad es que nadie puede "hacerte" sentir "menos que" cuando tú sabes quién eres en Cristo. Cuando tu identidad está arraigada y cimentada en Cristo, las palabras que tratan de hacerte sentir "menos que" no van a importar, porque tienes la certeza de que tú eres "más que" un vencedor en Él. En cuanto a los que te menosprecian, muévete al espíritu opuesto y exáltalos. Bendícelos, y serás bendecido.

COLOSENSES 2:7; ROMANOS 8:37; ROMANOS 12:14

✦ ORACIÓN ✦

Me niego a compararme con los demás o recibir las palabras negativas que hablan acerca de mí. Mi identidad está firmemente arraigada en Cristo. Ayúdame a verme a mí mismo y ver a otros de la manera que tú me ves, y así con mis palabras yo pueda edificarme a mí mismo y edificar a los demás.

4 de mayo

Todas las promesas de Dios son Sí y Amén

*R*ENUEVA EL COMPROMISO en tu corazón de ser un hacedor de la Palabra, y recibirás tremendas bendiciones, entre ellas la paz y el gozo en medio de tus pruebas. A medida que maduras en Cristo, siendo semejante a Él cada vez más, verás con tus propios ojos cuán ciertas realmente son las promesas del Padre. Todas sus promesas son Sí y Amén. Cómo ver manifestarse esa verdad en tu vida es mayormente una cuestión de perseverar a pesar de lo que tus circunstancias te tientan a creer. La alternativa a caminar en fe es ser de doble ánimo, y un hombre de doble ánimo es inconstante en todos sus caminos.

Santiago 1:22; 2 Corintios 1:20; Santiago 1:8

⇒ Oración ⇐

Creo a tus promesas y me niego a ser movido fuera de la verdad en tu Palabra. Ayúdame a mantener el rumbo, no importa lo que pudiera estar viendo con mis ojos naturales. Ayúdame a mantener mi mente enfocada en Cristo y caminar en tu paz mientras espero por las promesas del Padre.

PÁSAME LAS RIENDAS

Quiero ayudarte. Yo soy tu ayudador. Pero a veces no quieres quitar tus manos de lo que estás lidiando. No puedo involucrarme en el nivel que quiero hasta que lo sueltes y le pases la situación a Jesús. Mientras tú estás luchando en la carne para arreglar algo, conseguir algo, o deshacerse de algo, no estás permitiendo que mi gracia obre en tu vida de la manera que yo pretendo hacerlo.

Te voy a mostrar algunas áreas de tu vida en las que quiero que me entregues las riendas. Si me las das, voy a tomar la iniciativa y mostrarte los pasos a seguir para resolver las cosas. Estoy esperando hasta que tú llegues al final de ti mismo para yo poder revelarme a mí mismo como el poderoso en tu vida.

Juan 14:26; Salmo 38:15; 2 Crónicas 16:9

✦ ORACIÓN ✦

Muéstrame ahora en qué áreas tú quieres que yo quite mis manos de las riendas, y voy a hacerlo. Ayúdame a ver dónde estoy interponiéndome en tu camino, para cederte el paso a ti. Muéstrame tus caminos y enséñame tus sendas. Me comprometo de corazón a ceder ante ti.

6 de mayo

APRENDE LA DIFERENCIA ENTRE CONVICCIÓN Y CONDENACIÓN

CUANDO EL ENEMIGO ataca, es importante revisar tu corazón y asegurarte de que no le abras la puerta a él. También debes saber esto: el enemigo tratará de hacerte sentir como si hubieras hecho algo malo incluso cuando no lo has hecho. Yo traigo convicción; el enemigo trae condenación. Quiero enseñarte a cómo distinguir entre la convicción de pecado y la condenación. Una forma de discernir la diferencia es que esa convicción proviene de mi corazón lleno de amor por ti. Yo soy amor, y yo no voy a condenarte por un pecado que le abre la puerta al enemigo. Solo arrepiéntete.

ROMANOS 8:1; ROMANOS 8:34; JUAN 8:10-11

✦ ORACIÓN ✦

Espíritu Santo, doy la bienvenida a tu convicción, porque quiero caminar con prudencia delante de ti. Ayúdame a discernir tu corazón lleno de amor y evitar caer en la trampa de la condenación que el enemigo tiende para mí cuando no estoy a la altura de tu gloria.

LA VERDAD TE HARÁ LIBRE

ONDE ESTÁ EL Espíritu de Dios, ¡allí hay libertad! Busca tener una mayor conciencia de mi presencia en medio de ti, y te liberaré de los pensamientos opresivos que te retrasan de mi perfecta voluntad para tu vida. Estoy contigo. Yo vivo en ti. ¡Nunca te dejaré ni te abandonaré!

Cuanto más reflexiones sobre estas verdades, más fuerte serás. Pídeme por una revelación mayor de ellas a medida que meditas en la Palabra del Padre. Mientras aplicas tu corazón para entender, derramaré la sabiduría y revelación que deseas, y la verdad te hará libre.

2 Corintios 3:17; 1 Corintios 6:19;
Proverbios 2:2

✦ ORACIÓN ✦

Dame una revelación mayor de tu presencia y un discernimiento claro de cómo el enemigo planta los pensamientos opresivos en mi alma. Ayúdame a entender que tú vives en mí y nunca me dejarás. ¡Muéstrame la verdad que me hará libre!

8 de mayo

PREPÁRATE PARA ENFRENTAR AL ENEMIGO

*T*OMAR UNA POSTURA defensiva no significa que se espera lo peor. Simplemente significa estar preparado para cualquier cosa y todo lo que el enemigo pueda enviar en tu camino. Cuando estás esperando el golpe, éste no te va a afectar tanto como cuando te toma por sorpresa.

Te preparas cuando permaneces en comunión conmigo, renuevas tu mente con la Palabra, y buscas el corazón del Padre. Espera lo mejor todos los días, pero estate alerta porque el enemigo, como león rugiente, anda alrededor buscando a quien devorar. ¡No tienes que ser tú! Yo te advertiré si te mantienes apegado a mi corazón.

1 Corintios 16:13; 1 Pedro 5:8; 1 Pedro 1:13

☩ ORACIÓN ☩

Dame un espíritu alerta para que pueda oír rápidamente tus advertencias. Ayúdame a permanecer alerta y vigilante, no porque tenga temor al enemigo sino porque tu Palabra lo demanda. Me comprometo a estar en estrecha comunión contigo todos mis días.

ORA POR AQUELLOS QUE TE PERSIGUEN

Cuando alguien habla palabras poco amables acerca de ti o tu familia, el diablo hace todo lo posible para asegurarse de que regresen a tus oídos. Hablar mal de la gente se llama chisme, y lo aborrezco. Tú tienes dos opciones cuando escuchas palabras poco amables de alguien: puedes reaccionar con el mismo espíritu malvado, o puedes resistir la tentación y actuar como tu Padre que está en los cielos.

Te digo: ninguna palabra corrompida salga de tu boca. Habla bien de las personas, aunque ellas te desmoralicen. Ora por aquellos que te persiguen y dicen toda clase de mal contra ti, tal como Jesús lo hizo.

Proverbios 16:28; Santiago 3:5; Efesios 4:29; Mateo 5:44

→ ORACIÓN ←

No me gusta escuchar chismes ni calumnias acerca de mí o cualquier otra persona. Ayúdame a no participar en eso. Ayúdame a decir la verdad en amor no importa qué cosas desagradables se digan acerca de mí. Dame un corazón limpio para orar por aquellos que murmuran acerca de mí por amor a Cristo.

10 de mayo

ACTÚA COMO LO QUE REALMENTE ERES

¿REALMENTE SABES LO que eres en Cristo? Tú eres más que vencedor, aun en los momentos de prueba. Tú eres aceptado en el Amado, a pesar de que cometes errores. Tú eres santo y sin mancha delante de Él, aun cuando estás creciendo en la fe. Afírmate en tu identidad y actúa como lo que realmente eres, y encontrarás más paz, gozo y victoria en tu vida. Asume una conciencia de justicia en lugar de una conciencia de pecado. Mira quién eres en Cristo en lugar de lo que el enemigo quiere mostrarte sobre ti mismo. Es vital que tú entiendas lo que realmente eres y cuánto te amamos.

ROMANOS 8:37; EFESIOS 1:4-6; ROMANOS 5:17

→ ORACIÓN ←

A menudo soy duro conmigo mismo. Ayúdame a centrarme en lo que soy en Cristo y no en lo que no hago bien. Ayúdame a ser presto en arrepentirme cuando no estoy a la altura de tu gloria y darme cuenta de que tú me amas a pesar de mis deficiencias. Muéstrame lo que realmente soy.

ESPERA HASTA QUE LA PRUEBA HAYA TERMINADO PARA TOMAR DECISIONES

N<small>O TOMES DECISIONES</small> importantes en medio de una prueba. Con tanto estrés físico y espiritual, puede ser difícil que puedas tomar las decisiones correctas. El enemigo viene con emociones destructivas que tiran tu alma de aquí para allá. Al meditar en la Palabra de Dios, anclas tu alma con la esperanza de que se reproduzca en fe. Vas a encontrar la estabilidad en medio del torrente. A menos que yo te haya dado una palabra clara, posterga tus decisiones importantes hasta que la prueba haya terminado. Te prometo que las cosas se verán muy diferentes cuando tienes mi perspectiva.

H<small>EBREOS</small> 6:19; R<small>OMANOS</small> 10:17;
P<small>ROVERBIOS</small> 3:5-6

→ ORACIÓN ←

Dame sabiduría para tomar las decisiones correctas de acuerdo a la Palabra de Dios y su entendimiento. Estabiliza mis emociones que se alborotan en medio de la intensidad de las pruebas para que yo pueda oír tu voz clara y obedecer tus instrucciones.

CUANDO LA TORMENTA SE EMBRAVEZCA, ENFÓCATE EN JESÚS

CUANDO LA TORMENTA se embravezca contra ti, tienes dos opciones: enfocarte en el viento o enfocarte en Jesús. Si optas por enfocarte en el viento, los temores en tu alma te tirarán de aquí para allá. Si optas por enfocarte en Jesús, meditar en su Palabra, y declararla por tu boca, encontrarás la paz, aunque los vientos no se calmen de inmediato. Llegará el momento cuando los vientos se aquietarán. No te enfoques en el viento.

MATEO 7:25; MARCOS 4:35-41; ISAÍAS 26:3

✦ ORACIÓN ✦

Ayúdame a mantener a Jesús en el centro de mi atención, no importa lo que esté pasando a mi alrededor. Enséñame cómo reposar en su paz y permitirle que Él calme la tormenta en mi alma que se embravece cuando el viento de pruebas y tribulaciones sopla en mi vida.

ESTÁ BIEN QUE DESCANSES

*N*UNCA TE RINDAS! No te dejaré. Pero está bien que descanses en Jesús. Sí, a veces está bien que quites tu pie del acelerador y uses el control de crucero de mi gracia. No presiones con tanta fuerza hacia tus metas que termines agotándote. Muévete al ritmo que te he puesto, y podrás sentir la unción y reconocerás la gracia para cuándo moverte. Quiero enseñarte a fluir en mi gracia y aprovechar la sabiduría en el descanso. Descansar y reevaluar tu situación no es darte por vencido. Tendrás nuevas fuerzas y nuevas estrategias para ser más eficaz en Cristo, si vas más despacio cuando te digo que lo hagas.

MARCOS 6:31; SALMO 127:2; HEBREOS 4:9-11

→ ORACIÓN ←

Decido descansar en Jesús y resisto la tentación de seguir presionando más allá de la gracia que me has dado. Enséñame cómo reconocer tanto tu unción para seguir adelante como tu guía para parar y descansar un rato. Dame sabiduría para saber cuándo hay que reevaluar.

14 de mayo

Busca complacer a Dios solamente

Mucha gente va a juzgarte erróneamente. Tan pronto como el Padre te promueva, conocerás a personas que te dirán algo que ellos creen tú estás haciendo mal y juzgarán tu corazón. No puedes complacer al hombre, así que ni lo intentes. Presta atención y ora sobre el consejo que viene de aquellos con quienes tienes relación. Ellos te conocen mejor. No permitas que los ataques de extraños te detengan.

En última instancia, yo soy el único que te convence de pecado, así que mantente cerca de mí, y yo te mostraré si te estás moviendo en la dirección equivocada. Busca complacer al Padre y a Él solamente. Él se encargará de lo demás.

Mateo 10:28; 1 Corintios 4:3; 1 Corintios 2:15

→ Oración ←

Me niego a ceder ante el temor del hombre. Voy a temer al Señor y solo a Él. Rodéame de sabios consejeros que escuchan tu voz, y guárdame de caer en la tentación de complacer a la gente. Ayúdame a guardar mi corazón con diligencia y ser presto a arrepentirme.

MANTÉN TU MIRADA EN MÍ

*D*EJA DE MIRAR tus deficiencias y mírame a mí. Cuando mantienes tu mirada en mí, tú accedes a mi gracia y poder para vencer las obras de tu carne que te dejan sintiéndote culpable y condenado. La culpa y la condenación no proceden de mí; vienen del enemigo.

¡Anímate, arde y brilla! No dejes que el enemigo te desanime, o te cubra con su oscuridad, o apague tu fuego. ¡El Padre quiere usarte de una manera nueva! Arrepiéntete, deshazte de la culpa, y levántate en el nombre de Jesús. Mi gracia y mi fuerza están disponibles para ti.

JUAN 16:8; ROMANOS 7:15-19; MIQUEAS 7:19

→ ORACIÓN ←

No voy a escuchar la voz del acusador de los hermanos. Ayúdame a no ceder a los sentimientos de culpa y vergüenza luego de quebrantar mi alma ante ti con mis palabras y hechos. Gracias por echar mi pecado a las profundidades del mar y por fortalecer mi corazón.

SIGUE MI DIRECCIÓN AL
MINISTRAR A OTROS

*H*AY UNA DELGADA línea entre mostrar compasión y rescatar a las personas de las consecuencias que necesitan enfrentar con el fin de que aprendan y crezcan. Moverse por compasión anímica no es mi voluntad para ti, o para aquellos a quienes estás tratando de ayudar. Moverse en la compasión de Jesús es la mejor manera de ayudar a la gente. Moverse en las obras del alma o de la carne puede obstaculizar la ayuda que quiero brindar. Amo tu corazón dispuesto a ayudar a la gente, pero pregúntame primero. Voy a mostrarte la línea entre la compasión anímica y la compasión espiritual para que puedas actuar de acuerdo con mi voluntad.

PROVERBIOS 19:19; PROVERBIOS 1:7; SALMO 18:30

→ ORACIÓN ←

Sé que tú amas a la gente mucho más que yo. Ayúdame a no interferir en lo que tú estás haciendo y a evitar tratar de resolver los problemas que tú no me has llamado a resolver. Ayúdame a mostrar tu compasión a tu manera y en tu tiempo.

PERMANECE ESTABLE MIENTRAS CAMBIAN LAS TEMPORADAS

*L*AS TEMPORADAS NUNCA duran. Hay temporadas turbulentas y temporadas en donde sientes como si hubieras alcanzado la cima del mundo. La palabra clave es estabilidad. Sea que una nueva temporada traiga progreso o desafíos, confía en mí para ayudarte a que permanezcas estable y vigilante. El enemigo siempre está acechando como león rugiente, buscando a quien devorar. Pero Jesús ya te ha librado de la boca del león. Así que mantente firme y regocíjate mientras cambia tu temporada. La victoria te pertenece.

ECLESIASTÉS 3:1; 2 TIMOTEO 4:17; SALMO 139:16

→ ORACIÓN ←

Enséñame a poder permanecer constante sin importar la temporada. Muéstrame cómo caminar a través de cada temporada de mi vida con la sabiduría y la estabilidad que testificará a los que aún no conocen a Jesús. Dame un espíritu sagaz para evitar caer en las trampas del enemigo.

¿TE RENDIRÁS A MÍ?

Yo soy tu Consolador. Pero provocaré que salgas de tu zona de confort natural para fomentar tu crecimiento espiritual. No te resistas a mi guía, mis palabras de sabiduría, o mi estiramiento. Yo sé que eso no le gusta a tu carne, tu carne lucha contra mi Espíritu, pero te prometo esto: si te comprometes a menguar tu carne para que Jesús pueda crecer en ti, te darás cuenta que tendrás una mayor paz, una mayor comodidad y un mayor gozo en tu vida. ¿Te rendirás a mí, incluso cuando te duela?

GÁLATAS 5:17; JUAN 3:30; ROMANOS 6:13

✦ ORACIÓN ✦

Sé que no me gusta el cambio, pero me comprometo a seguirte fuera de mi zona de confort, porque yo sé que el lugar a donde tú me conduces es bueno. Ayúdame a recordar que es un buen lugar cuando mi carne desafía mi mente y mis emociones a rebelarse contra mi voluntad. Quiero rendirme a ti.

PÍDEME LA LLAVE

*S*OLO SE NECESITA una llave para arrancar tu vehículo. Solo se necesita una llave para abrir tu casa. Y solo se necesita una llave para entrar a un nuevo nivel espiritual. Aquí está la buena noticia: ¡Tengo la llave de cada nivel! Veo el final desde el principio. Sé a dónde el Padre quiere que te lleve. Yo sé qué puertas abrir y dónde estarán tus avances. Tengo siempre cada llave que tú vas a necesitar para cumplir con tu destino. Yo te daré la llave correcta en el momento correcto. No te me adelantes, ni te me retrases. Sigue pidiéndome la llave que necesitas para abrir la puerta a la siguiente fase de tu viaje.

ISAÍAS 46:9-11; ISAÍAS 46:10; APOCALIPSIS 22:13

✦ ORACIÓN ✦

Por favor, dame las llaves que necesito para abrir las puertas que el Padre ha ordenado que yo atraviese. Muéstrame cuál camino tomar, y cuál no tomar, que pueda experimentar los avances que tú has preparado para mí. Dispongo mi corazón a seguirte al ritmo que tú determines.

ESPERA EN EL SEÑOR

*T*Ú HAS OÍDO decir, y de hecho te lo dije antes, que esperes en el Señor. Esperar en el Señor no solo se trata de ser paciente. No solo se trata de negarte a moverte adelante sin mi dirección. Esperar en el Señor es una búsqueda activa de la voluntad del Padre. Esperar en el Señor es esperar ansiosamente a que me revele en medio de tus circunstancias, que te diga exactamente qué hacer y qué decir en un momento determinado. Cuando tú esperas en mí, no importa cuánto tiempo tengas que esperar, tendrás gozo porque tienes la completa seguridad de que yo me voy a revelar.

SALMO 27:14; 1 CRÓNICAS 16:11; HEBREOS 11:6;
SALMO 25:4-5

✦ ORACIÓN ✦

Gracias por enseñarme a esperar en ti. Quiero
moverme en la perfecta voluntad del Padre y
en su tiempo perfecto. Dispongo mi corazón
a esperar ansiosamente en el Señor, buscar
su rostro, y esperar que Él irrumpa con todo
lo que necesito para hacer su voluntad.

Para calmar la tempestad

Lo que está pasando en tu vida no va a durar para siempre. Como un huracán, pasará, y recuperarás tus fuerzas nuevamente. La verdad es, que no has perdido tu poder. Te sientes impotente debido a la embestida del enemigo. Así que enfócate en el poder que resucitó a Cristo de entre los muertos que mora en ti y vuelve a levantarte de nuevo. Concéntrate en mí. Soy tu intercesor, tu abogado, tu sustituto, tu Consolador, y tu consejero. Yo soy todo para ti como Jesús fue para sus discípulos, que en medio de la furiosa tempestad, Él le ordenó que se calmara. Te voy a dar las palabras que le dirás a tu tormenta. Solo cree.

Juan 16:7; 2 Timoteo 1:7; 1 Corintios 4:20

→ Oración ←

¡El mismo poder que resucitó a Cristo de entre los muertos habita en mí! Por lo tanto, en Cristo estoy en condición de enfrentar cada desafío que viene de camino. Dame las palabras para hablarle a las tormentas que se embravecen en mi vida. Decido creer que soy lo que tu Palabra dice que soy.

22 de mayo

SÉ FELIZ TANTO EN LA CIMA
COMO EN EL VALLE

¿*R*ECUERDAS CÓMO SE sentía estar en la cima de una montaña? ¡Te sentías como si estuvieras en la cúspide del mundo! En realidad, tú estás en la cúspide del mundo, aun cuando no sientas que lo estás. El mundo no tiene poder para mantenerte derrotado. Sin embargo, las pruebas vendrán para perfeccionar tu carácter.

Las montañas y los valles son parte de tu caminar conmigo, tiempos de victorias así como tiempos de pruebas. La tierra prometida está llena de montes y valles. Recuerda siempre el gozo que se siente al estar en la cima de la montaña, y rehúsa dejarlo ir cuando un valle quiera interponerse en tu camino.

Isaías 54:10; Salmo 23:4; Lucas 3:5

✦ ORACIÓN ✦

Aun cuando camine por el valle de sombra de muerte, no temeré mal alguno. Y cuando esté en la cima de la montaña, voy a seguir buscando tu rostro. Ayúdame a estar siempre gozoso en Cristo, sea que esté pasando por un valle o me encuentre en la cima de una montaña.

AYUDA A OTROS MIENTRAS TE GUÍO

EL PADRE ABRIRÁ camino donde pareciera que no hay camino. Jesús es el Camino. Yo conozco el camino. Te tenemos completamente protegido. No es posible que te caigas de nuestro puño. Somos uno en ti. Así que deja de pensar en las circunstancias que desafían esta realidad. Enfócate en ayudar a otra persona mientras nosotros te ayudamos a ti.

Lo que tú hagas por otra persona, nosotros lo haremos por ti. Así que mírame a mí y busca ayudar a otros mientras te guío. Todo lo demás caerá en su lugar. Realmente así será. Muere a ti mismo y vive para nosotros. Todo lo tenemos resuelto. Solo descansa en mí.

JUAN 14:6; JUAN 10:29; EFESIOS 6:8

⊹ ORACIÓN ⊹

No siempre veo el camino, pero confío en Aquel que lo hace. Tu camino es siempre mejor. Muéstrame cómo caminar en tu camino. Ayúdame a instruir a otros en tu camino para que puedan caminar por el buen camino. Estoy dependiendo de tu guía.

24 de mayo

VÍSTETE DE TODA LA ARMADURA DE DIOS

*E*L CREYENTE QUE desea caminar en verdadera autoridad se viste de toda la armadura de Dios para luchar contra principados y potestades. Esa armadura consta más que de una espada. La justicia, la verdad, la fe y la paz son esenciales para armarse de autoridad espiritual. Nunca comprometas esas áreas porque comprometerás su eficacia.

Y no dejes de caminar en amor. Tu escudo de fe será más fuerte porque la fe obra por amor. El amor debe ser el motivo de todo lo que hagas, aun cuando te enfrentas en la guerra espiritual. Tu autoridad en Cristo tiene sus raíces en su amor por ti.

EFESIOS 6:12; EFESIOS 5:2; GÁLATAS 5:6

→ ORACIÓN ←

Recuérdame ponerme toda la armadura de Dios. Ayúdame a caminar en la verdadera autoridad espiritual sin comprometerla. Dame un corazón para interceder que lleve a tener intimidad contigo y ayude a otros a entrar en una relación más profunda con Jesús. Deja que tu amor me constriña.

IPE LAS VIEJAS ATADURAS DEL ALMA

A veces, las asociaciones de antiguos deben ser cortadas. Yo entiendo por qué estás reacio a cortar con el hacha las raíces de relaciones podridas. Tú no quieres hacerle daño a nadie. Me encanta eso de ti. Pero si no lo haces, esa gente va a obstaculizar la cosecha de bendiciones en tu vida.

Obedece mi voz. Sé a dónde el Padre te está llevando y Él tiene una vida más abundante en mente para ti. Así que cuando te muestro que es el momento de romper con una atadura del alma, rómpela y no mires hacia atrás. Ten la certeza de que serás bendecido por tu obediencia, y voy a tener cuidado de la persona que te he dicho que dejes atrás.

Génesis 19:26; Deuteronomio 28; Juan 10:10

→ ORACIÓN ←

Muéstrame las ataduras que tengo que romper
y los lazos que necesito fortalecer para ver tus
bendiciones derramadas sobre mí. No im-
porta lo mucho que duela echar a un lado
viejas asociaciones que están envenenando
mi alma, fortaléceme para obedecer tu voz.

26 de mayo

TE ESTOY LLAMANDO COMO UN AGENTE DE UNIDAD

TE ESTOY LLAMANDO como un agente de mi unidad en esta hora. Jesús está edificando su iglesia, y ciertamente las puertas del infierno no prevalecerán contra ella. Pero la división entre mi pueblo y entre las iglesias están causando una brecha que me impide moverme de la manera que quiero moverme. Allana el camino a la unidad con la humildad, la gracia y el amor. Trata de ser un pacificador. Con voz de trompeta habla el mensaje de la unidad, pero también camina en ella. No será fácil, pero voy a empoderarte para que lo hagas. Es de vital importancia que trabajes por la unidad del Cuerpo en esta hora.

FILIPENSES 2:2; 1 PEDRO 3:8; ROMANOS 12:4-5

→ ORACIÓN ←

Tu corazón clama por la unidad, así que uno mi corazón al tuyo y abrazo tu llamado a reparar las grietas en tu iglesia. Muéstrame qué debo hacer, a dónde ir, con quién hablar, y cómo orar, para ver la unidad manifiesta entre tu pueblo en esta hora.

CAMINA EN EL ESPÍRITU

Ninguna arma forjada contra ti prosperará. Pero eso no significa que el arma no vendrá contra ti. Y no quiere decir que no puedas darle el poder para distraerte. Puedes permitir que el enemigo obtenga una medida de éxito en tu vida al tener una reacción emocional al ataque en lugar de confiar en mí de todo corazón. En el ataque que el diablo ha puesto en marcha, cancela cualquier dardo que busque prosperar en tu alma, centrándote en mi gracia salvadora. Camina en el Espíritu y el enemigo no va a prosperar en tu alma.

Isaías 54:17; Salmo 91; Gálatas 5:16

✦ ORACIÓN ✦

Ayúdame a caminar en el Espíritu todos los días de mi vida. No quiero hacer cumplir los deseos de la carne. No quiero ser arrastrado por las emociones. Quiero ser guiado por ti. Muéstrame cómo crucificar mi carne y controlar mis emociones para tu gloria.

28 de mayo

PERSIGUE UN CAMBIO
DURADERO EN TU CORAZÓN

*U*N CAMBIO DURADERO viene cuando tú estás dispuesto verte a ti mismo como yo te veo. A veces eso significa ver, reconocer y arrepentirse por un mal pensamiento que dificulta amar. Otras veces significa confesar una palabra o hecho pecaminoso que dificulta la comunión conmigo. Pero siempre significa que veas mi amor por ti a pesar de todo eso.

Mi bondad te llevará al cambio que tanto quieres ver en tu corazón, pero el cambio va a ocurrir solo cuando veas dónde te encuentras y cómo eso entra en conflicto con a dónde quiero llevarte. Abraza mi obra gloriosa en tu alma. Yo tengo el poder de ayudarte a ser más como tu hermoso Salvador.

1 JUAN 1:9; EFESIOS 4:24; EFESIOS 2:10;
JUAN 15:16

✦ ORACIÓN ✦

Quiero verme a mí mismo de la forma en que tú me ves. Me arrepiento de mis pecados en el pensamiento y acción, y te pido que me perdones y me devuelvas la comunión perfecta contigo. Gracias porque tú me amas con un amor eterno y me estás transformando poco a poco.

Cada mañana con el Espíritu Santo

PIENSA EN MI AMOR POR TI

CUANDO PIENSES EN MÍ, recuerda cuán puro es mi amor por ti. Considera el hecho de que cada palabra que sale de mi boca a tu corazón es motivado por el amor. Mis pensamientos sobre ti son pensamientos llenos de amor. Yo te llevo y te guío por la ley del amor. No hay nada que puedas hacer o decir para hacer que mi gran amor por ti mengüe. Así que acércate más a mi corazón. Escucha mis palabras de amor y deja que ellas animen tu corazón, deja que ellas fortalezcan tu alma, deja que ellas te inspiren, hasta el punto de dar tu vida por la Gran Comisión de Cristo.

1 CORINTIOS 13:4-8; 1 JUAN 4:10; SALMO 36:10-12

→ ORACIÓN ←

Tú eres amor, y todo lo que haces es por amor. Gracias por hablar palabras de amor y de vida a mi corazón. Ayúdame a recordar tus palabras de amor cuando me decepciono a mí mismo, y te decepciono a ti, para correr nuevamente a tus brazos de amor.

Yo quiero que conozcas mi corazón

Yo quiero que conozcas mi corazón de la manera que conozco el tuyo. Cuando comprendas verdaderamente los motivos de mi corazón, cuando realmente entiendas lo mucho que me preocupo por ti, cuando obtengas la revelación de mi profundo amor por ti, tú nunca serás el mismo. Nuestra comunión será aún más dulce y nuestra comunión más fuerte. Eso es lo que quiero, y sé que ese es el deseo de tu corazón. Yo quiero que conozcas mi corazón.

Santiago 1:17; Juan 3:16; Mateo 7:9-11

⤍ Oración ⤏

Yo quiero conocer tu corazón. Revélame tu corazón directamente y por medio de tu Palabra para que pueda comprender tu gran amor por mí en otro nivel. Quiero saber por experiencia qué tú sientes por mí. Quiero probar y ver tu bondad.

DISCIERNE LA DIFERENCIA ENTRE
EL ESPÍRITU Y LA CARNE

*N*o todos los obstáculos que enfrentas implican hacer guerra espiritual, pero a veces no puedes discernir el enemigo que viene contra ti. Cuando tú sientas como si ya no puedes dar un paso más, es posible que te estés moviendo más allá de mi gracia. Mi gracia es suficiente para darte el poder para moverte en la voluntad del Padre.

También es posible que puedas estar siendo atacado por el enemigo, que viene a agotar a los santos. Yo quiero enseñarte a discernir la fuente de tu desaliento, del descontento y la fatiga, para que sepas si debes retirarte y esperar en mí o levantarte y lanzar un contraataque en el nombre de Jesús.

2 Corintios 12:9; Daniel 7:25;
2 Corintios 2:11

+ ORACIÓN +

Yo no quiero ser ignorante a las maquinaciones del diablo, pero tampoco quiero ver al diablo detrás de cada pomo de las puertas. ¿Me ayudarías a mantener el equilibrio? ¿Me ayudarías a discernir la raíz de la resistencia? Quiero moverme al ritmo de tu plan para mi vida.

Junio

Ahora bien, hay diversidad de dones, pero el Espíritu
es el mismo. Y hay diversidad de ministerios, pero
el Señor es el mismo. Y hay diversidad de opera-
ciones, pero Dios, que hace todas las cosas en todos,
es el mismo. Pero a cada uno le es dada la manifestación del Espíritu para provecho. Porque a éste
es dada por el Espíritu palabra de sabiduría; a
otro, palabra de ciencia según el mismo Espíritu; a
otro, fe por el mismo Espíritu; y a otro, dones de
sanidades por el mismo Espíritu. A otro, el hacer
milagros; a otro, profecía; a otro, discernimiento
de espíritus; a otro, diversos géneros de lenguas; y
a otro, interpretación de lenguas. Pero todas estas
cosas las hace uno y el mismo Espíritu, repar-
tiendo a cada uno en particular como él quiere.

—1 Corintios 12:4–11

PUEDES HABLAR CONMIGO EN CUALQUIER MOMENTO

*P*UEDES HABLAR CONMIGO en cualquier momento. Sabes dónde encontrarme. Al comprometerte con mi corazón, me comprometeré con el tuyo. Sentirás mi presencia cuando te acercas a mí. Cuanto más me busques, más te darás cuenta de que yo estoy ahí mismo contigo. Siempre estoy ahí, pero a veces el ritmo acelerado de la vida te distrae de esa realidad. Si por solo un minuto fueras más despacio, y piensas en mí, el gozo y la paz te sobrecogerán.

SANTIAGO 4:8; SALMO 119:15; SALMO 139:7

→ ORACIÓN ←

Ayúdame a aminorar mi andar y reconocer tu presencia, no importa cuán agitados sean mis días. Estás más cerca de mí de lo que creo, pero yo quiero saber. Quiero experimentar tu presencia en mi caminar del día. Quiero caminar contigo. Muéstrame cómo.

2 de junio

PERMÍTEME SANTIFICARTE

SOY LLAMADO "SANTO" por una razón. Y tú
estás llamado a ser santo como yo soy santo.
Pero esforzarse por la santidad no traerá la santi-
ficación que tú y yo deseamos. Tú puedes consa-
grarte al Padre, pero yo soy el que te santifica, te
regenera, y te da el poder para andar en mi santidad
y la justicia de Cristo. Deja de esforzarte tan duro,
y empieza a hablar, a pensar y a caminar en mi Palabra por mi gracia. Yo haré el resto.

LEVÍTICO 20:7-8; 1 TESALONICENSES 4:7;
2 TIMOTEO 2:21

→ ORACIÓN ←

*Sé que no vas a hacer mi parte, pero yo no
puedo hacer la tuya, así que voy a dejar de in-
tentar cambiarme a mí mismo. Muéstrame
lo que tengo que hacer mientras dispongo mi
corazón para entrar en un nuevo nivel de tu
santidad. Ayúdame a descansar en tu santidad y apoyarme en tu poder transformador.*

DELÉITATE EN MÍ COMO YO ME DELEITO EN TI

ME DELEITO en ti. Sí, me deleito en ti. Yo me deleito en tus oraciones, y me deleito en tu adoración. Me deleito en ti más de lo que te deleitas en mí. Porque nosotros somos uno, pero cuando te deleitas en mí y yo en ti, nuestra comunión alcanza nuevas alturas y nuestro gozo en el uno al otro es completo.

Cuando te deleitas en mí, te daré las peticiones de tu corazón. Y cuando tus deseos sean para conocer más de mí, voy a satisfacer tus anhelos y darte más de lo que jamás podrías esperar.

SOFONÍAS 3:17; SALMO 147:11; PROVERBIOS 15:8; SALMO 37:4

✦ ORACIÓN ✦

Me deleito en ti. Me deleito en orar contigo y adorarte a ti. Muéstrame cómo entrar al lugar de placer, no solo en los momentos de oración o adoración, sino mientras camino por la vida cotidiana. Ayúdame a deleitarme continuamente en tu amor.

ERES LLAMADO PARA ESTA HORA

*T*Ú NO ERES solo parte de un linaje escogido; eres llamado para esta hora, para este tiempo. Cuando te formé en el vientre de tu madre, vi tu final, vi tu destino cumplido. Camina hacia adelante con plena confianza en tu corazón de que yo estoy contigo y te guío a través de los valles y sobre los montes, y de triunfo en triunfo hasta el destino que el Padre ha planeado para ti. Es un camino de fe donde tú has sido capacitado para andarlo.

1 PEDRO 2:9; ESTER 4:14; SALMO 139:13-16

✦ ORACIÓN ✦

¡Gracias por el llamado que has puesto en mi vida! ¿Podrías mostrarme el siguiente paso que necesito tomar para cumplir con ese llamado? ¿Me dirigirás y me guiarás en el camino hacia mi destino? ¿Me ayudarás a liberar los dones que tú me has dado para tu gloria?

VETE A TI MISMO A TRAVÉS DE LOS OJOS DEL AMOR

*E*s HORA DE que te veas a ti mismo de la manera que yo te veo. Cuando te miro, yo no te veo a través de los ojos de los hombres. Te veo a través de los ojos del amor. Te amo de manera perfecta, así que no temas y no te preocupes sobre tus imperfecciones. No mires o pienses sobre las imposibilidades.

Vete a ti mismo como completo en Cristo, porque así es como nosotros te vemos. Después de comenzar a verte a ti mismo de la manera que nosotros te vemos, y después de vernos a nosotros en ti, comenzarás a manifestar la madurez que deseas y verás que lo imposible se hace posible.

2 CORINTIOS 6:17-18; 2 CORINTIOS 5:21;
COLOSENSES 2:10

→ ORACIÓN ←

¡Abre los ojos de mi corazón, Señor! Abre mis ojos espirituales para verme a mí mismo como tú me ves y no como el mundo me ve o como yo me veo a mí mismo. Dispongo mi corazón para rendirlo a tu obra de formar el carácter de Cristo en mí para tu gloria.

NUNCA TE CONDUCIRÉ POR MAL CAMINO

*T*ú has dudado. El miedo te ha frenado. La duda ha causado que cuestiones mi guía. Sé que quieres estar completamente seguro de que vas en la dirección correcta. Pero este es un camino de fe, una relación de confianza.

Confía en tu discernimiento. Puedes sentir mis instigaciones. Confía en la Palabra. Nunca te conduciré por mal camino. Sigue la paz y rehúsa seguir adelante sin ella.

La fe no es una ciencia. Ella desafía la ciencia. No te dejaré. No dejaré que caigas cuando caminas en una fe sincera. No tengas miedo.

Isaías 41:10; Santiago 1:6; Hebreos 11:1

→ ORACIÓN ←

*Me rehúso escuchar la voz de la duda ya más.
Reprendo la voz del temor. Me comprometo
a seguir la paz que viene con tu guía. Ayúdame a reconocer y rechazar las vanas imaginaciones que contradicen tu Palabra.*

ENTRÉGAME TU CORAZÓN POR COMPLETO

HAS RETENIDO UN pedazo de ti mismo, un pedazo de tu corazón. Mantén tu corazón abierto ante mí. No te lastimaré; voy a sanarte. Dame tu corazón completamente. Pon tu corazón en mis manos. No retengas nada. Abandónate en mí. Yo sé que no es cómodo, pero a medida que dispones tu corazón con el mío, te consolaré. Removeré aquellas cosas que impiden el fluir del amor. Y cuando quite los obstáculos erigidos en tu alma, podrás ver mi corazón de una manera fresca, y te rendirás completamente a mi voluntad.

PROVERBIOS 23:26; ROMANOS 12:1; MATEO 7:21

✦ ORACIÓN ✦

Rindo mi voluntad por decisión de mi voluntad. No se haga mi voluntad, Señor, sino la tuya. Rehúso a ocultarte nada. Soy tuyo. Tú eres mío. Muéstrame qué debo hacer y lo haré. Muéstrame qué no debo hacer y obedeceré. Dirígeme y guíame.

TE DARÉ EL PODER PARA VENCER SOBRE EL PECADO

CUANDO TE CONVENZO de pecado, no lo hago para que te sientas culpable, condenado o indigno; lo hago para que puedas arrepentirte y recibir el perdón del Padre. El arrepentimiento y el perdón son parte de las bendiciones para ti. Lo hago para que puedas experimentar el poder limpiador de la sangre de Jesús, que elimina el residuo de la injusticia y te posiciona para tener comunión con nosotros en amor. ¡Te amamos! Si me lo pides, te daré el poder para vencer sobre el pecado.

PROVERBIOS 28:13; SANTIAGO 4:8-10;
APOCALIPSIS 3:19

→ ORACIÓN ←

Gracias porque viniste a liberar a los cautivos. Gracias porque tú me has hecho libre aun de mis propios deseos que son contrarios a tu plan perfecto. Muéstrame si hay algún camino de perversidad en mí. Por tu gracia, me alejaré de esas cosas que dificultan el amor.

RECONOCE MI PRESENCIA
EN CADA TEMPORADA

CUANDO SIENTAS LA brisa que sopla, piensa en mí. Cuando veas el sol brillando, piensa en mí. Cuando notes las gotas de lluvia que caen, piensa en mí. Reconoce mi presencia en cada temporada, y pronto podrás discernir la manera en que obro en cada situación.

Tú no puedes verme, pero puedes conocerme, y puedes saber que siempre estoy contigo cuando la brisa está soplando, cuando el sol está brillando, cuando la lluvia está cayendo. Cuando sabes que estoy contigo, tu confianza aumentará.

ROMANOS 1:18-21; SALMO 8:3-4; SALMO 19:1-6

→ ORACIÓN ←

Estoy muy agradecido de que tú estás conmigo, y que nunca me dejarás ni me abandonarás, jamás. Pero a veces me olvido de la realidad de que tu ayuda siempre está presente. ¿Me darás una mayor sensibilidad de ti en cada temporada y cada situación?

PREGÚNTAME QUÉ DECIR Y QUÉ ORAR

CUANDO YA NO te queden palabras, no digas nada. Pregúntame lo que debes decir, y yo te daré la sabiduría para cada situación. A veces esa sabiduría es el silencio. A veces esa sabiduría es la oración.

Cuando ya no te queden palabras para orar, pídeme y te ayudaré. Estaré a tu lado e inspiraré tus oraciones. Intercederé ante el Padre por ti. Oraré una plegaria perfecta a través de ti. Nunca se me acaban las palabras, oraciones, o cualquier cosa que necesites. Si estoy en silencio, solo tienes que esperar en mi presencia. Tengo un plan y te lo haré revelar.

LUCAS 12:12; ÉXODO 4:12; ROMANOS 8:26

✦ ORACIÓN ✦

A veces soy demasiado rápido para hablar. Ayúdame a que sea más rápido para escuchar de lo que soy para hacer que mi voz se escuche. Enséñame qué decir y cuándo decirlo. Enséñame qué orar y cuándo orar. No voy a hablar o moverme sobre un asunto hasta que reciba tu sabiduría.

11 de junio

DISCIERNE LO QUE TE ESTOY HABLANDO POR MEDIO DE LAS COSAS NATURALES

*V*OY A HABLARTE por medio de las cosas naturales que están a tu alrededor: la gente, los lugares, las cosas y las circunstancias. Pero ten cuidado de no ver cuando el viento cambie como instrucción profética. Mientras tengas comunión conmigo, aprenderás a discernir lo que te estoy hablando a través de la gente, los lugares, las cosas y las circunstancias, y también sabrás cuando algo está tratando de alejarte de mi corazón. Créeme: cuando yo hable, tú lo sabrás. Cuando no estés seguro, pregúntame. No intento ocultar la verdad de ti, sino revelártela.

PROVERBIOS 2:1-5; JUAN 10:27; 1 REYES 19:11-12

✦ ORACIÓN ✦

Caminar contigo significa caminar en equilibrio. Enséñame a reconocer tu voz aun en las cosas naturales, pero guarda mi corazón de hacer suposiciones y presunciones acerca de tu voluntad mientras camino por la jornada de la vida diaria. Muéstrame la verdad.

NO SIGAS ADELANTE SIN MI SABIDURÍA

La sabiduría clama en cada encrucijada. La sabiduría no se esconde en las sombras, pero está de pie en medio de tu camino para guiarte en paz. Ve más despacio. No tienes que responder ahora. No tienes que decidir ahora. No te muevas hasta que escuches el clamor de la sabiduría. Apaga todas las demás voces que hablan respecto a tu situación y estate a solas conmigo.

Clama por la sabiduría, y la sabiduría clamará por ti. Clama por el entendimiento, y obtendrás la iluminación. No sigas adelante sin mi sabiduría. ¡Yo anhelo compartirla contigo! Sabrás cuando la tienes, porque ella trae paz.

PROVERBIOS 1:20; SANTIAGO 1:5; SANTIAGO 3:17

→ ORACIÓN ←

Clamo a ti en este momento por sabiduría y entendimiento. Tengo hambre de tu paz. Necesito tu instrucción en todos mis caminos. Gracias por tu fidelidad para dirigirme y guiarme a toda la verdad un paso a la vez.

HAZ MÁS ESPACIO PARA MI PRESENCIA

Como estuve con Jesús, yo estoy contigo. Estoy disponible para ti. Tú tienes acceso a mi poder. Tú puedes beneficiarte de mi consejo. Voy a interceder por ti. Te mostraré lo que vendrá. Lo haré revelar al corazón del Padre por ti. Voy a abogar por ti. Voy a ungirte para que hagas todo lo que Jesús te ha llamado a hacer.

Siempre estoy aquí para ti. La decisión para recibir todas mis bendiciones recae en ti. ¿Qué tendrás que sacar para hacer más espacio para mi presencia en tu vida? Juntos podemos exaltar a Jesús en esta generación. ¿Estás dispuesto?

JUAN 16:13; 1 JUAN 2:27; GÁLATAS 5:24

→ ORACIÓN ←

Jamás he tenido un amigo como tú. Estás
tan comprometido conmigo. Te amo más que
lo que las palabras puedan expresar. Ayú-
dame a amarte más. Ayúdame a echar a
un lado ciertas actividades que no están
dando frutos para tu reino para que pueda
calar más profundo en tu corazón.

TÚ NO PUEDES VER EL FUTURO
SI ESTÁS MIRANDO ATRÁS

Lo que sucedió en el pasado es pasado. Ello ya no existe, excepto en tu memoria. Me duele el corazón cuando veo que meditas en cosas del pasado que te causaron dolor. Tengo un futuro lleno de esperanza para ti. Pero tú no puedes verlo mientras estés mirando atrás. Vas a atorarte en tu pasado y retrasar las bendiciones que el Padre ha planeado para tu futuro si no lo dejas ir. Así que perdona y mira hacia arriba ahora, porque el Padre prometió reivindicar a los que confían y esperan en Él. Él lo hará.

JEREMÍAS 29:11; ISAÍAS 43:18; ROMANOS 12:19

✦ ORACIÓN ✦

Muéstrame a lo que estoy aferrado y que necesito dejar ir, y decido en este día dejarlo ir, perdonar, y negarme a mirar atrás de nuevo. Con tu ayuda, ya no recordaré los malos recuerdos. Voy a caminar libre para la siguiente etapa de tu plan para mi vida.

YO ESTOY CONTIGO, AUN CUANDO NO SIENTAS MI PRESENCIA

Sé que amas mi presencia, que te encantaría ser consciente de mi presencia. Por favor, recuerda que yo estoy contigo, aun cuando no sientas mi presencia. Nunca te dejo; siempre estoy contigo.

Si quieres sentir mi presencia más, habla conmigo. Empieza a compartir tu corazón conmigo. Comienza a pedirme mi consejo. Empieza dándome las gracias por lo que estoy haciendo en tu vida.

Encontrarás que cuando tu corazón se comprometa con el mío, con sinceridad y una fe sencilla, sabrás que yo habito en ti, aun si no sientes inmediatamente mi presencia. Sabes que yo estoy contigo.

JUAN 14:16; 2 CORINTIOS 13:14; JUDAS 20

→ ORACIÓN ←

Sí, me encanta sentir tu presencia, pero te doy gracias porque estoy viviendo no por los sentimientos sino por la fe en la Palabra de Dios. Gracias por enseñarme a comprometerme con tu corazón. Gracias por estar dispuesto a estar a mi lado en las buenas y en las malas.

NO TE EXTIENDAS TÚ MISMO
MÁS ALLÁ DE MI GRACIA

EL PADRE no permite que venga a ti más de lo que puedes soportar. Tú eres quien a veces tomas más de lo que puedes manejar. El Padre no te llamará para que hagas algo más allá de la gracia que Él te ofrece para lograrlo.

Cuando te sientes agotado y abrumado, tú mismo te has extendido más allá de mi gracia. Te estoy llamando ahora al lugar y a la gracia que he preparado para ti. Recuerda, el yugo de Jesús es fácil y su carga es ligera. Cuando te sientes cargado y te invade la oscuridad, vuelve al lugar y a la gracia que he preparado para ti.

1 CORINTIOS 10:13; 2 CORINTIOS 12:9;
MATEO 11:30

✦ ORACIÓN ✦

Tus palabras de vida son verdad. Ayúdame a recordar cuando me sienta tentado a tomar más de lo que puedo soportar, cuando mis emociones me tientan a correr hacia algo que no me has llamado. Ayúdame a moverme en tu gracia y no más allá de ella.

AMA POR EL BIEN DEL AMOR

DÉJATE LLEVAR. PIÉRDETE en mí. Te encontrarás a ti mismo en mi amor. El amor es la verdadera medida de cualquier hombre, de cualquier mujer. Yo no mido el éxito por la cantidad de dinero que ganas o por la forma en que impactas a muchas personas o por la cantidad de dinero que das a las misiones. Al final, Jesús juzgará tu vida en esta tierra por tu amor por la gente. Todo lo que no es motivado por el amor será inútil en ese día. Déjame enseñarte a amar más. Deja que te enseñe a operar en el amor por el bien del amor, sin buscar nada a cambio. Al amar de esta manera, te parecerás a tu hermoso Salvador.

JUAN 13:34-35; GÁLATAS 5:22-23;
ROMANOS 12:9-10

✦ ORACIÓN ✦

Sí, enséñame a amar. Sé que no llego al estándar de tu amor perfecto en mis relaciones con los demás. Ahora me arrepiento por los momentos en que no he caminado en el amor. Derrama de tu amor sin medida en mi corazón una vez más, y enséñame a amar.

EL ANHELO DE TU CORAZÓN ES RECIBIR AMOR

EL ANHELO MÁS profundo de tu corazón no es realmente más dinero o más estatus social o más aprecio. El anhelo más profundo de tu corazón es realmente recibir nuestro amor y amarnos a nosotros a cambio. Cuando tú verdaderamente reconoces esto como tu anhelo más profundo y lo buscas con todo tu ser, entonces nuestra paz te sobrecogerá. Nuestro gozo te fortalecerá. Nuestro amor te motivará para dar tu vida por la gente que te rodea. Tú no tendrás que preocuparte por el dinero, el estatus social o el reconocimiento, aunque pueden venir. Tú estarás satisfecho en Cristo. Esta es la voluntad del Padre para ti.

JUAN 15:13; 1 JUAN 4:11; 1 JUAN 3:16-18

✦ ORACIÓN ✦

Ayúdame a recibir más de tu amor. Amplía la capacidad de mi corazón para beber de tu amor. Saca de mi corazón todo lo que se interpone para recibir tu amor, y así pueda tener abundancia de tu amor para dar a la gente que tú pongas en mi camino.

ENCUÉNTRAME EN EL LUGAR SECRETO

¿*V*AS A REUNIRTE conmigo en el lugar secreto? Es solo bajo la sombra de sus alas. Allí podrás encontrar tu fortaleza, tu torre fuerte. Es un lugar seguro en donde estás protegido de la batalla que trata de distraer tu atención del latir de mi corazón y de las palabras que yo te he hablado. ¿Me encontrarás en esa morada? Estoy esperando por ti, para compartirte sabiduría y revelación en el conocimiento de Jesús. Solo cierra tus ojos y pídeme que te lleve allí ahora, y donde yo esté tú estarás. Estoy esperando…

SALMO 91; SALMO 90:1; SALMO 61:3

→ ORACIÓN ←

Tú eres mi torre fuerte. Tú eres mi fortaleza.
Tú eres mi morada. Eres mi protección del ene-
migo. Atráeme a tu presencia, acércame más
a tu corazón, e inclinaré mi oído para escu-
char las palabras de vida que me fortalecerán.

TU ESPÍRITU PERSEVERANTE
ESTREMECE MI CORAZÓN

*U*NA DE LAS cosas que más aprecio de ti es tu perseverancia. Algunos se rinden aun antes de comenzar, y tú has tenido un sinnúmero de razones para rendirte. El enemigo ha puesto muchos obstáculos en tu camino. El hombre ha puesto obstáculos en tu camino. Pero aun cuando caes, aun cuando la vida te derrumba, tú no te quedas derrumbado. La persona justa cae siete veces y cada vez vuelve a levantarse. Me regocijo porque siempre te levantas de nuevo. Me encanta eso de ti.

SANTIAGO 1:12; 2 TIMOTEO 2:12; HEBREOS 10:36

⤳ ORACIÓN ⤶

Tú me has dado la capacidad de soportar, de perseverar y seguir adelante. Gracias por la fuerza que me das para seguir avanzando hacia tu voluntad aun en medio de la oposición, los errores, el pecado y el cansancio. ¡Me regocijo en ti!

ACÉRCATE A MÍ

QUIERO COMPARTIR LOS secretos del Padre contigo. ¿Va a acercarte? Cuando aprendiste sobre esa voz suave y apacible que le habló a Elías, se te ofreció un principio de comunicación conmigo que muy pocos entienden realmente: estar quietos y saber que Jesús es el Señor.

Calma tu mente. Acércate a mí, y yo me acercaré a ti. Cuanto más cerca estés de mí, más fácil será dejar las distracciones a un lado, aquietar tu alma, y oírme susurrarte los secretos del Padre a tu corazón. ¿Vas a encontrarte conmigo ahora?

SALMO 25:14; SALMO 91:1; SANTIAGO 4:8

✦ ORACIÓN ✦

Gracias por haberme invitado a encontrarme contigo. ¡Acepto! Echaré a un lado las distracciones, aquietaré mi alma, y esperaré en ti. Enséñame a estar quieto, completamente quieto, para que pueda oír de ti los secretos del Padre.

RECUERDA EL GOZO DE TU SALVACIÓN

¿RECUERDAS CUANDO TE revelé al Cordero de Dios que quita el pecado del mundo? ¿Recuerdas cuando te mostré la verdad acerca de tu Redentor, tu Rey y tu Esposo? ¿Recuerdas la primera vez que aceptaste a Jesús como tu Señor y Salvador? Recuerda ahora el gozo que experimentaste, el gozo de tu salvación. Ese gozo es el gozo del Señor. Ese gozo es tu fuerza. ¡No lo dejes ir! Él te sostendrá cuando te enfrentes a una batalla espiritual.

SALMO 51:12; NEHEMÍAS 8:10; ISAÍAS 12:2-3

✦ ORACIÓN ✦

Decido en este día celebrar el gozo de mi salvación; un gozo glorioso que llena mi corazón del deseo de complacerte a ti en cada paso que doy, un gozo que me fortalece. Ayúdame a abrazar ese gozo una vez más mientras pienso en mi Primer amor.

¿TENGO TODA TU ATENCIÓN?

*T*Ú TIENES TODA mi atención, y qué mejor cosa que ayudarte a hacerlo. No hay una causa justa que no haya puesto en tu corazón que no vaya a ayudarte a perseguirla. No hay verdad que yo no te haya dirigido a ella. Todo lo que necesito es tu total atención.

Quiero mostrarte el buen plan del Padre para la próxima temporada, para que juntos podamos hacer que su perfecta voluntad se cumpla en tu vida. Quiero ayudarte a discernir sus causas justas de las obras carnales del hombre. Quiero hablarte la verdad que da vida a tu corazón. Tú tienes toda mi atención. ¿Tengo la tuya?

HEBREOS 13:6; HEBREOS 12:2; MALAQUÍAS 3:18

→ ORACIÓN ←

Siento mucho las veces que has tenido que competir con las cosas del mundo para llamar mi atención, y dispongo mi corazón para centrarme solo en ti cuando me llamas. Anhelo intimar contigo. Tú tienes toda mi atención.

24 de junio

RECHAZA LAS VOCES DE TEMOR Y DUDA

A VECES VEO QUE el temor te distrae de los planes mejores que el Padre tiene para ti. Te hemos dicho una y otra vez que no temas, sin embargo, a veces todavía escuchas las voces de temor que tratan de alejarte de tu más alto llamado. Yo lo entiendo. Yo conozco tu corazón, y oigo tus pensamientos temerosos, pensamientos de duda, que bombardean tu mente. Pero yo no puedo hacer nada para detenerlos.

Jesús te dio su autoridad, y tu voluntad dicta lo que tú eliges pensar. Así que piensa sobre nuestro amor por ti, y cuando escuches las voces de temor, recházalas y abraza nuestro amor.

ROMANOS 8:38-39; FILIPENSES 4:8;
2 CORINTIOS 10:5

✦ ORACIÓN ✦

Me arrepiento por hacerle caso a las voces de temor y duda. Ayúdame a discernir las voces sutiles que tratan de tentarme para desviarme de tu perfecto camino. Me comprometo a meditar y a caminar en tu verdad, para que así pueda ser libre de las influencias del miedo y la duda.

ESTOY HABLÁNDOTE MÁS A MENUDO DE LO QUE CREES

¿Estás escuchando? ¿Realmente escuchas? Estoy hablándote más a menudo de lo que crees. Esas impresiones leves, esos entendimientos profundos, esas Escrituras que a veces parecen saltar de la página, esos pequeños detalles de la naturaleza que captan tu atención. Yo estoy hablándote en y a través de muchas cosas.

Espero que tú también me correspondas. Deseo tener una conversación santa contigo. Empieza a ver. Empieza a escuchar. Comienza a esperar. Comienza a observar. Empieza a discernir. Pronto te volverás más sensible a mis formas de comunicación.

JUAN 10:27; JEREMÍAS 33:3; ROMANOS 8:14

→ ORACIÓN ←

A pesar de que a menudo escucho tu voz, sé que me estás hablando y guiándome más veces de las que me doy cuenta. Yo quiero escuchar, escuchar de verdad, tu voz suave y apacible. Quiero participar en una conversación santa contigo. Por favor, ayúdame.

26 de junio

PERMITE QUE EL AMOR MOTIVE
TUS PALABRAS Y ACCIONES

TEN UNA VISIÓN eterna en la Tierra, y actúa de acuerdo a esa visión eterna, y eso cambiará tu vida por la eternidad. Las palabras que tú hablas y las acciones que tomas ahora tienen el potencial de brindarte recompensas eternas. Así que ten cuidado de no hablar palabras ociosas. Habla palabras que edificarán, consolarán y exhortarán a tus hermanos y hermanas en Cristo.

Utiliza tus palabras y acciones para compartir el amor de Cristo con los perdidos que te rodean. Todo lo que no se hace por la fe, es pecado, pero lo que sea motivado por el amor tiene un impacto eterno. Ten una visión eterna, y deja que el amor de Dios te constriña.

HEBREOS 13:14; COLOSENSES 3:2; 1 PEDRO 1:3-4

⚜ ORACIÓN ⚜

Ayúdame a ver las cosas desde una perspectiva celestial, y dame la revelación y comprensión del impacto eterno que tienen mis decisiones. Motiva mi corazón para compartir el amor de Cristo. Ayúdame a pensar pensamientos de amor, hablar palabras de amor, y caminar en el amor.

Cada mañana con el Espíritu Santo

PROTEGE TU CORAZÓN DEL ENGAÑO

*N*O JUZGUES PARA que no seas juzgado. Pero conoce a los que trabajan entre ustedes. Prueba los espíritus para ver si son de Dios. Utiliza el discernimiento que te he dado. Afina tu percepción espiritual siendo un estudioso de la Palabra, porque muchos falsos profetas han salido por el mundo que buscan engañar los corazones de los hombres. Contempla a Jesús y serás más diestro en reconocer los falsos trabajadores, los falsos evangelios y las falsas doctrinas. Protege tu corazón y conoce que Jesús viene pronto. Vigila y ora.

MATEO 7:1; 1 TESALONICENSES 5:12; LUCAS 21:36

→ ORACIÓN ←

*Ayúdame a proteger mi corazón. No quiero
ser engañado por la maldad que se levanta en esta generación. Ayúdame a mantener los ojos firmemente enfocados en Cristo
y prestar atención a tu Palabra para así
poder discernir entre la verdad y el error.*

DESATA EL PODER DE MI
PACTO CONTIGO

CUANDO LE DIJISTE que sí a Jesús, cuando le recibiste como tu Señor y Salvador, entraste en una relación de pacto que no entendiste. Tú todavía no entiendes la profundidad de nuestro pacto eterno contigo. Nosotros nunca romperemos el pacto, pero tú no vas a poder recibir la plenitud de lo que el pacto ofrece hasta que lo entiendas más cabalmente. Abre las Escrituras y estudia sobre este pacto. Mientras lo haces, yo derramaré revelación y entendimiento que desatará sobre ti las bendiciones que proceden de ese pacto.

SALMO 105:8; HEBREOS 6:17-18; MATEO 26:28

✦ ORACIÓN ✦

Gracias por tu pacto para conmigo. Tú no eres un rompedor de pacto sino un guardador de pacto. Por favor, dame una mayor comprensión acerca del pacto sagrado que hemos contraído. Dame revelación sobre ese contrato sagrado que nos une.

PONME PRIMERO EN TU VIDA

CUANDO TÚ ELIGES la adoración sobre el entretenimiento, cuando eliges la Escritura sobre una novela de ficción, cuando eliges la oración sobre la charla con amigos, eso conmueve mi corazón. Realmente conmueve mi corazón. Cuando buscas primero el reino de Dios, encontrarás el reino de Dios y a tu Padre que está sentado en el trono. Encontrarás al Rey de reyes y Señor de señores.

No busques tener algún encuentro sobrenatural. Busca el reino, y encontrarás lo sobrenatural. Escoge la adoración. Escoge las Escrituras. Escoge la oración. Escógenos a nosotros, porque nosotros te hemos elegido.

MATEO 6:33; DEUTERONOMIO 4:29;
1 CORINTIOS 13:11

✦ ORACIÓN ✦

Siento que me estás llamando a dejar a un lado
las cosas de niño y entrar en un nuevo nivel de
tu gloria, y yo digo que sí a tu corazón. Yo digo
que sí a tu voluntad, y sí a tus caminos. Yo digo
que sí a la adoración y la oración. Yo digo que sí
a la vida sobrenatural que tú quieres que yo viva.

BUSCA MI EQUILIBRIO EN TU VIDA

BUSCA MI EQUILIBRIO en todas las cosas. Cuando veo que te sales de equilibrio en cualquier área, me da pena porque sé que el enemigo está buscando una oportunidad para abalanzarse.

Caminar en la Palabra, ser un hacedor de la Palabra, significa que hay que establecer límites. Yo soy tu red de seguridad. Yo siempre te atraparé. Yo te libraré de la trampa del enemigo cuando clames a mí.

Pero me gustaría más oírte clamar en intercesión por otro, que pedirme que te rescate de las consecuencias de un estilo de vida desequilibrado. Así que busca el equilibrio en todas las cosas, y te evitarás muchos problemas. Puedes cerrarle una puerta abierta al enemigo teniendo una vida equilibrada.

1 Pedro 5:8; Santiago 1:22; Marcos 6:31

→ ORACIÓN ←

¡Estoy siendo arrastrado en tantas direcciones! Ayúdame a encontrar el equilibrio entre el servicio y la adoración, entre el trabajo y el descanso, entre el hacer y el ser. Muéstrame los cambios que necesito hacer en mi vida para cerrarle la puerta al enemigo.

Cada mañana con el Espíritu Santo

Julio

Y manifiestas son las obras de la carne, que son:
adulterio, fornicación, inmundicia, lascivia, idola-
tría, hechicerías, enemistades, pleitos, celos, iras, contiendas, disensiones, herejías, envidias, homicidios,
borracheras, orgías, y cosas semejantes a estas; acerca
de las cuales os amonesto, como ya os lo he dicho
antes, que los que practican tales cosas no heredarán
el reino de Dios. Mas el fruto del Espíritu es amor,
gozo, paz, paciencia, benignidad, bondad, fe, mansedumbre, templanza; contra tales cosas no hay ley.

—GÁLATAS 5:19–23

APRENDE A ESPERAR PACIENTEMENTE

*S*É QUE LA paciencia nunca ha sido tu punto fuerte. Sé que no es divertido esperar a que el Padre se mueva cuando puedes ver claramente el camino que Él ha ordenado para ti. Pero la paciencia puede servirte como protección, incluso un arma en tiempo de guerra. La paciencia te animará a no saltar por delante de mi dirección aun cuando puedas ver claramente el siguiente paso. Veo más allá del siguiente paso y la meta final. Yo veo los obstáculos que se interpondrán en medio del camino para frustrar tu progreso, si no estás preparado espiritualmente para superarlos. Así que sé paciente. Confía en mí. Lograremos llegar.

ROMANOS 12:12; ROMANOS 8:25; SALMO 37:7-9

⤳ ORACIÓN ⤳

La paciencia es un fruto del Espíritu, por lo que te pido me ayudes a mostrar ese fruto en mi vida. Ayúdame a cultivarlo en mi corazón para que no sea perturbado por lo que vea o deje de ver. Me comprometo a esperar en ti.

2 de julio

RECIBE Y CAMINA EN MI AMOR

*T*Ú VALES TODO para mí. ¡Eres mi favorito! Mi amor por ti es mucho más grande de lo que puedes comprender. Quiero enseñarte a recibir mi amor en mayor medida. Quiero derramar extensamente de mi amor en tu corazón cada vez más.

El amor por ti me motiva. Quiero que mi amor por ti te motive en todo lo que haces. Estoy en esto por amor. Yo quiero que estés en esto por el amor que me tienes.

Cuando comiences a mirar a la gente y las situaciones a través de los ojos del amor, entonces los verás de la forma en que yo los veo. La sabiduría y la compasión, e incluso los milagros, fluirán. Recibe mi amor ahora, y viértelo en otros. El mundo necesita mi amor.

SALMO 139:13-16; EFESIOS 2:4-9; MATEO 6:25-34

⟶ ORACIÓN ⟵

Estoy abrumado por el conocimiento de tu amor
por mí. Sé que me amas. Sin embargo, nece-
sito una mayor revelación de tu amor en mi
corazón. Ayúdame a ver el mundo a través
del lente de tu amor para que así pueda ca-
minar en amor sobrenatural por la gente.

¿ESTÁS LISTO PARA IR MÁS PROFUNDO EN DIOS?

*E*N TIEMPOS ANTIGUOS, antes de que Jesús viniera a la tierra, el Padre requería muchos sacrificios diferentes, y votos y ofrendas de su pueblo. Hoy Él te pide que le ofrezcas todo tu corazón como sacrificio vivo. En tiempos antiguos, había sistemas estrictos establecidos para poder acercarse a Él. Hoy Él te invita a venir confiadamente al trono de su gracia para alcanzar misericordia y hallar gracia para el oportuno socorro. En tiempos antiguos, la adoración se basaba en la obediencia y, a veces, en el temor. Hoy el Padre quiere que le adores en espíritu y en verdad con un corazón de amor sincero. ¿Estás listo para ir más profundo?

ROMANOS 12:1; HEBREOS 4:16; JUAN 4:24

✦ ORACIÓN ✦

Sí, estoy listo para ir más profundo, pero yo no puedo hacerlo sin tu ayuda. Ayúdame a presentar mi cuerpo al Padre como sacrificio vivo. Ayúdame a acercarme a tu trono de gracia con valentía. Ayúdame a adorarte en espíritu y en verdad. Estoy listo, pero necesito tu ayuda.

ESTAMOS JUNTOS EN ESTO

E STAMOS JUNTOS EN esto. Somos colaboradores. Nunca te voy a dejar solo en la batalla para establecer la voluntad de Dios en la tierra. Siempre te dirigiré por el mejor camino posible, aunque eso signifique tener que llevarte en un largo viaje por el desierto; aunque eso signifique tener que conducirte a través de guerras espirituales; aunque eso signifique tener que ocultarme de ti para que sientas como si no pudieras sentir mi presencia u oír mi voz. Estoy comprometido contigo. Estoy dedicado a ti. Estamos juntos en esto. Nunca pienses nada diferente. Yo estoy aquí para quedarme. Tú tienes mi palabra. Te amo.

1 Corintios 3:9; 2 Corintios 6:1;
Hebreos 6:13-20

→ ORACIÓN ←

Gracias por contarme digno de servir como un embajador de Cristo, un colaborador en tu reino, y por darme la fuerza para caminar en el camino que has diseñado para mí, a pesar de la resistencia. Ayúdame a caminar en tu perfecta voluntad.

MI GRACIA ES SUFICIENTE

*E*s doloroso ver que te sientes frustrado por las tácticas del enemigo, por las circunstancias indeseables en la vida, y por las personas que se presentan para provocarte. Es gravoso, porque no puedes recibir mi gracia para vencer y caminar en amor cuando permites que la frustración gobierne tu alma. Mi gracia es suficiente para ti. De hecho, yo soy el Espíritu de gracia.

Mi gracia está disponible para ti, pero tú tienes que posicionarte para recibirla. La frustración levanta un muro que te impide recibir mi gracia. Así que ten calma y habla conmigo sobre lo que te está molestando. No cedas a la frustración. Trabajaremos juntos.

2 Corintios 12:9; Juan 1:16; 2 Timoteo 4:22

→ ORACIÓN ←

Gracias por tu gracia, y gracias porque ella es suficiente para mí en cada situación. Agradezco que tu poder se perfecciona en mi debilidad. Ayúdame a posicionar mi corazón para recibir tu abundante gracia y rechazar los sentimientos de frustración que abren la puerta al enemigo.

6 de julio

BUSCA MI MENTE EN CADA ASUNTO

Sí, HAY SABIDURÍA en el consejo de muchos. Pero ten cuidado de no recurrir a la sabiduría del mundo. Yo inspiré a David a que escribiera estas palabras: "Bienaventurado el varón que no anduvo en consejo de malos". Está bien pedir consejo a consejeros sabios y piadosos, pero eso no garantiza que ellos tengan mi mente sobre el asunto.

Recuerda esto: Mi sabiduría es pura, pacífica, amable y benigna. Mi sabiduría está llena de misericordia y de buenos frutos. Sin incertidumbre, ni hipocresía. Medita en estas verdades y aprenderás rápidamente a reconocer mi sabiduría en todos los asuntos.

PROVERBIOS 15:22; SALMO 1:1; SANTIAGO 3:17

✦ ORACIÓN ✦

No quiero escuchar o prestar atención a cualquier
sabiduría que no surja de tu corazón. Rodéame
de consejeros piadosos, y dame un oído para oír
tu voz en sus palabras. Habla tu sabiduría directa-
mente a mi corazón, y caminaré en tus caminos.

ABRE TU CORAZÓN AL PADRE

*S*É QUE MUCHOS han dibujado al Padre como un monarca duro que es muy santurrón. Él es santo, perfectamente santo, pero no debes apartarte de su corazón por tu humanidad. El enemigo ha mentido sobre el Padre porque no quiere que la gente se acerque a Él. El Padre es santo y misericordioso. Desea tener una estrecha relación contigo.

El Padre te ama de la misma manera que ama a Jesús. ¡Piénsalo! A pesar de que tú no has sido perfeccionado, eres perfectamente amado. Así que no temas, sino abre tu corazón a tu Padre que está en los cielos y que te ama. Cuando lo veas de la manera que verdaderamente es Él, tu alma recibirá el consuelo en su gran misericordia y amor.

LUCAS 6:36; ROMANOS 8:31; ROMANOS 5:8

✦ ORACIÓN ✦

Ayúdame a ser santo, así como mi Padre que está en el cielo es santo. Quiero verlo tal como Él es, porque Él me ve como soy. Quiero amarlo como Jesús lo hace, porque Él me ama como Él ama a Jesús. Gracias por tu gran amor y misericordia para conmigo.

8 de julio

BENDICE A LOS QUE TE MALDICEN

CUANDO LA GENTE te persiga por causa de Jesús, torna el enojo que sientas en oración de poder. En lugar de estar ansioso por las palabras negativas que están hablando contra ti, destruye toda palabra maligna con la autoridad de tu Rey y lánzate en oración. Lánzate a orar por tus perseguidores.

Bendice a los que te maldicen. Bendice y no maldigas. Muévete en el espíritu opuesto al espíritu que está moviéndose en contra tuya. Entonces, vas a ser realmente como Cristo. Vas a manifestar su amor por sus enemigos, y tus oraciones ungidas pueden liberarlos.

MATEO 5:44; LUCAS 6:28; ROMANOS 12:20

✦ ORACIÓN ✦

Yo quiero ser como Cristo, aun cuando la gente hable palabras desagradables sobre mí y directamente a mí. Yo quiero ser como mi Padre que está en los cielos, devolver bien por mal una y otra vez. Ayúdame a mostrar tu amor a las personas que no están mostrando tu amor para conmigo.

LAS PERSONAS NO SON TUS ENEMIGOS

*E*s necesario que recuerdes siempre esto: No estás luchando contra sangre y carne. La gente a tu alrededor que está haciendo tu vida difícil o hablando a tus espaldas, no son tus enemigos. No, muchas veces hay fuerzas invisibles que influyen en ellos. Muchas veces ellos están actuando por el dolor y las heridas del pasado o por inseguridades del presente. Muchas veces ellos están cediendo el paso al plan del enemigo y siguiendo los impulsos de la naturaleza carnal.

Tú no estás luchando contra sangre y carne, sino contra principados, potestades y huestes espirituales de maldad en las regiones celestes, y fuerzas demoníacas en lugares de tinieblas. Levántate por encima de la batalla en Cristo.

EFESIOS 6:12; LUCAS 8:27-30; 1 PEDRO 3:9

⋅ ORACIÓN ⋅

Ayúdame a ver la gente de la forma que tú la ves.
Muéstrame por qué están arremetiendo contra
mí u otros para que yo pueda ser un agente de
sanidad y pacificador. Ayúdame a controlar mi
lengua y tratar a los demás como yo quiero ser
tratado, incluso cuando sean crueles conmigo.

10 de julio

DEBES DISCERNIR AL ENEMIGO

*N*o puedes atar a un hombre fuerte que tú no ves. No puedes atar a un demonio que tú no puedes discernir. No puedes ganar una batalla contra un enemigo donde tú no has participado. A veces crees que sabes el plan que el enemigo tiene contra ti basándote en experiencias del pasado, y a veces tienes razón. Pero la deducción basada en la experiencia es diferente al discernimiento que recibes de mí.

Tú tienes la posición de vencedor en la batalla a través de Cristo, pero es necesario el discernimiento para llevar a cabo mis planes de batalla. Detente y pregúntame, y te voy a revelar al enemigo que viene contra ti y te daré la estrategia para contrarrestar el ataque.

Marcos 3:27; Mateo 16:19; 1 Corintios 12:7-10

⇢ ORACIÓN ⇠

Ayúdame a moverme en el discernimiento
y no en la presunción, suposición o deduc-
ción. Necesito revelación de ti para saber de
verdad contra qué me voy a enfrentar y qué
está contra mí. Afina mi discernimiento para
que yo sea capaz de atar al hombre fuerte.

Cada mañana con el Espíritu Santo

TÚ PUEDES SUPERAR LAS
DISTRACCIONES DE LA VIDA

SIEMPRE HABRÁ DISTRACCIONES alrededor de ti. Nunca puedes librarte de todas las distracciones en esta vida. La única manera de superar las distracciones es negándote a darles tus ojos, tus oídos, tu boca y tu mente. En otras palabras, ¡deja de pensar en ellas! Deja de escuchar. Deja de buscar. Deja de hablar de ellas. Existe un tremendo poder en una vida enfocada singularmente en Jesús y su voluntad, tremendo poder. La decisión es tuya.

PROVERBIOS 20:12; SALMO 119:15; PROVERBIOS 5:1

→ ORACIÓN ←

Las distracciones se levantan contra mí todos los días, pero me niego a darles mis ojos, mis oídos, o mi boca por más tiempo. Ayúdame a pensar conforme a la mente de Cristo, para que tampoco entren en mi mente. Pon guarda a mi boca y haz que hable conforme a lo que tú me enseñas.

ESTOY AQUÍ CUANDO ME NECESITES

LAS PERSONAS, TANTO amigos como enemigos, van y vienen. Pero yo me quedaré contigo. Cuando los amigos se vayan, yo estaré contigo. Cuando los enemigos se levanten y ataquen, yo estaré contigo. Cuando sientas como si todo se ha perdido, como si nadie te entendiera, yo estaré contigo. Cuando parezca como si todo el infierno se ha desatado en tu contra, te aseguro que yo estoy contigo. Jesús me envió a morar en ti. Yo estoy aquí cuando me necesites. Siempre estoy aquí.

JOSUÉ 1:9; 1 CORINTIOS 3:16; SALMO 139:10

✦ ORACIÓN ✦

¡Estoy muy agradecido de que tú moras en mí y yo en ti! ¡Estoy muy agradecido de que tú nunca me dejarás ni me abandonarás! Tú habitas en mi corazón por la fe, por lo que no temo ni me desanimo. Dame una mayor revelación de tu presencia en mi vida.

PIDE, Y RECIBIRÁS

*T*Ú NO TIENES porque no pides. Cuando pides con motivaciones puras por lo que el Padre ya desea darte, obtendrás lo que pides. Cuando sigues mi dirección, cuando pides por lo que he puesto en tu corazón para que pidas, obtendrás lo que pides. Es así de sencillo. Si tú no estás haciendo tus peticiones conocidas, si no estás pidiendo, no podrás recibir todo lo que tenemos para ti.

A veces tú no pides, ya sea porque piensas que no puedes conseguirlo o porque tienes miedo de no obtenerlo. Cambia tu forma de pensar. Pide por aquello que crees es la voluntad del Padre. Sigue mi dirección. Verás que las respuestas a tus oraciones comienzan a fluir cuando sigues mi guía.

SANTIAGO 4:3; FILIPENSES 4:6; 1 JUAN 5:14

✦ ORACIÓN ✦

Gracias por animarme a pedir. Pediré con confianza, sabiendo que si pido algo de acuerdo a tu voluntad, tú escucharás y me responderás. Ayúdame a mantenerme firme a tus promesas aun cuando yo no vea una respuesta inmediata.

Enfócate en la solución, no en el obstáculo

Cuando te enfrentas a un obstáculo de cualquier índole, tienes dos opciones claras: enfocarte en el obstáculo y sentirte frustrado con aquel que piensas lo puso ahí, o te enfocas en la solución y en Aquel que tiene la sabiduría para ayudarte a superar el obstáculo. Siempre habrá obstáculos, y si te centras demasiado en ellos, te desanimarás. Ve los obstáculos, pero luego vuélvete a quien tiene la sabiduría y la estrategia que te llevará a la victoria. Solo tú controlas en qué te enfocas.

Mateo 17:20; Isaías 57:14; Juan 16:33

→ Oración ←

Decido este día que aunque vea los obstáculos en mi camino, no permitiré que me desalienten de avanzar en tu voluntad. No voy a meditar sobre los obstáculos y los desafíos. Meditaré en Jesús, el autor y consumador de mi fe.

TE ESTOY CAMBIANDO

*Y*o sé que tú ves en parte y conoces en parte a dónde quiero llevarte, y te das cuenta de que es bueno. Quieres llegar a ese lugar en Cristo ahora. Quieres ser más como Él, ahora mismo. Pero ten por seguro, conoce, y cree que estoy haciendo el cambio en ti, de gloria en gloria. Sé paciente contigo mismo y sé paciente con el proceso. Nosotros somos pacientes contigo.

Te estoy transformando a la imagen de Cristo poco a poco. Tu trabajo consiste en pasar tiempo conmigo, pasar tiempo en la Palabra, y creer. Solo cree. No puedes cambiarte a ti mismo, pero ten por seguro, conoce y cree: lo estoy haciendo.

1 Corintios 13:9; 2 Corintios 3:18;
Romanos 8:29

→ ORACIÓN ←

He intentado y fallado en cambiarme a mí mismo. No puedo hacerlo. Decido ahora rendirme a tu obra en mi vida. Eres tan paciente y amable. Rindo mi corazón a ti y te pido que me lleves de gloria en gloria mientras tengo comunión contigo y medito en tu Palabra.

16 de julio

QUIERO ENSEÑARTE ACERCA DE MI AMOR

QUIERO ENSEÑARTE ACERCA de mi amor. Quiero que conozcas la profundidad de mi amor, que veas la longitud de mi amor, que experimentes la altura de mi amor, que camines en la anchura de mi amor. Yo quiero que aprendas a amar a los demás de la manera que yo te amo. ¿Me dejarás que te enseñe?

Todo comienza con aprender a recibir mi amor, y eso significa erradicar mentalidades religiosas sobre quién es el Padre, quién es Jesús, y quién soy yo. Yo soy amor. Al final de esta era, el amor es lo que va a medir tu corazón. El amor nunca falla.

EFESIOS 3:14-19; 1 CORINTIOS 13:4-8;
LUCAS 10:27

✦ ORACIÓN ✦

Quiero ir contigo en este viaje de amor. Yo quiero moverme más en tu amor. Llévame donde tú quieras que vaya, para que sea capaz no solo de recibir lo que tienes para mí, sino también mostrarles a otros el camino a tu corazón. Enséñame a amarte a ti y amar a los demás como tú lo haces.

Cada mañana con el Espíritu Santo

REHÚSA A ACEPTAR PRESIÓN DEL MUNDO

*L*A PRESIÓN QUE sientes a menudo en tu caminar diario no viene de nosotros. El mundo va a presionarte. El mundo te hará sentir culpable. El mundo te estirará hasta romperte. El mundo violará tus límites. El mundo te usará y abusará, si se lo permites. Pero el yugo de Jesús es fácil y su carga es ligera.

Te guiaré a que prefieras a otros. Te guiaré a negarte a ti mismo. Te guiaré a amar. Te guiaré a tomar tu cruz y seguir a Cristo. Pero no te presionaré ni te condenaré, ni te haré sentir culpable ni avergonzado como el mundo lo hace. Busca complacer al Padre, y no recibas presión del hombre o de los demonios. Sígueme.

1 JUAN 5:19; 1 CORINTIOS 2:12;
1 TESALONICENSES 4:1-2

→ ORACIÓN ←

Rehúso la presión, la culpa y el estrés que el mundo trae. No voy a inclinarme ante el espíritu de este mundo, que no ofrece nada bueno. Yo me postraré ante el Espíritu de Dios. Ayúdame a resistir al diablo y seguirte en todos mis caminos.

18 de julio

SÉ PRONTO PARA OÍR, TARDO PARA HABLAR Y TARDO PARA AIRARTE

¿*P*OR QUÉ CREES que te advertí que seas pronto para oír, tardo para hablar y tardo para airarte? Porque al ser pronto para oír, sigues siendo enseñable. También te das más oportunidad para discernir el espíritu detrás de las palabras que oyes. Al ser tardo para hablar, evitas decir algo con coraje o usar palabras que carecen de mi sabiduría. Al ser tardo para airarte, evitas discusiones tontas sobre asuntos insignificantes. Toma tiempo para realmente oír y toma tiempo para responder. No permitas que el enemigo te provoque.

SANTIAGO 1:19; PROVERBIOS 15:31;
PROVERBIOS 1:5

→ ORACIÓN ←

*Me comprometo a ser tardo para hablar y
pronto para oír. Ayúdame a discernir el espíritu detrás de las palabras que se hablan en mis
oídos para que no vaya a caer en la trampa
del enemigo. Espíritu Santo, dame oídos para
oír lo que tú estás diciendo en todo momento.*

TUS PALABRAS TIENEN PODER

*S*I REALMENTE ENTENDIERAS el poder de tus palabras, hablarías de otra manera. Por la palabra, el Padre hizo que las cosas existieran, y tú puedes hacer lo mismo. Tú puedes enmarcar el mundo con las palabras de tu boca.

El poder de la vida y la muerte están en la lengua. Yo sé que has escuchado esto anteriormente muchas, muchas veces, pero ¿realmente has escuchado? Quiero que recibas la revelación y la comprensión acerca de este principio transformador. Es una verdad discernida espiritualmente. ¿Deseas esta revelación? Estoy aquí para mostrarte.

PROVERBIOS 18:21; MATEO 12:36-37;
PROVERBIOS 13:3; 1 PEDRO 3:10

⤞ ORACIÓN ⤝

He leído tantas veces sobre el poder de las palabras, sin embargo, todavía no alcanzo a medir la mía. Pasa un carbón encendido por mis labios como hiciste con Isaías. Enséñame a hablar conforme a tu verdad. Pon guarda a mi boca. Dame una revelación del poder de las palabras.

20 de julio

CONSIDERA LO QUE ESTÁS PENSANDO

A veces no eres suficientemente rápido para cautivar tus pensamientos, esas vanas imaginaciones, que se levantan a sí mismos contra el conocimiento de Cristo. A veces no los disciernes ni los derribas lo suficientemente rápido. A veces meditas en ellos sin siquiera darte cuenta. A veces caes en esta trampa diabólica.

Pero considera tus emociones. Tus emociones son influenciadas por tus pensamientos. Así que cuando encuentres que tus emociones están desalineadas con respecto a la paz, el gozo y el amor, detente y considera tus pensamientos. Entonces derriba los infractores y reemplázalos con la verdad.

2 Corintios 10:5; Gálatas 5:22-23;
Hebreos 10:23

→ ORACIÓN ←

Ayúdame a manifestar el fruto del autocontrol cuando mis emociones intentan sacarme del espíritu y llevarme a la carne. Dame oídos espirituales para escuchar los pensamientos que el enemigo habla, y dame la valentía para levantarme con la espada del Espíritu.

VIVE CON LA ETERNIDAD EN MENTE

¿**E**STÁS LISTO PARA el regreso de Jesús? ¿Estás preparado para su segunda venida? ¿Estás viviendo cada día como si Él fuera a volver en cualquier momento? Sé las respuestas a esas preguntas. Yo quiero que indagues en tu alma y veas dónde estás parado respecto a la eternidad. Tu salvación es segura, pero la eternidad es algo más que tu salvación. Tu obediencia para completar tus asignaciones dadas por Dios en este tiempo afectará los beneficios que recibas en el tiempo venidero. Nunca es demasiado tarde para ser más obediente. Vive tu vida con la eternidad en mente.

LUCAS 18:8; MATEO 24:43-44; MATEO 25:21

→ ORACIÓN ←

Dame la gracia para obedecer. Dame ojos de vigía. Dame una perspectiva eterna. Dame la diligencia para vigilar y orar, porque cuando Jesús regrese, quiero ser llamado como un buen siervo y fiel.

SOLO ENTRÉGATE

Sé QUE A VECES te sientes que quieres darte por vencido. Pero no te rindas. No, no te rindas. Mejor entrégate. No cedas a la presión del enemigo para que renuncies. Entrégate completamente, con todo lo que eres y todo lo que tienes, a la voluntad del Padre. Entrégate a su plan perfecto. Entrégate a su Palabra. Entrégate a sus caminos. Solo entrégate.

Dilo ahora: "Me entrego". Entregarse trae libertad y te libra de la tentación para renunciar y abandonar. Abandónate al Padre de todo corazón y no mires hacia atrás.

MATEO 16:24-27; ROMANOS 12:1; LUCAS 9:57-62

✦ ORACIÓN ✦

Me niego a renunciar, y determino entregarme a ti. Déjame experimentar la libertad de entregarme totalmente a tu voluntad. Ayúdame a permanecer firme en mi entrega para seguir tus caminos. Hazme estar dispuesto en el día de tu manifestación.

---

23 de julio

VEN CONMIGO

Ven conmigo. Deja atrás las distracciones y frustraciones, e incluso la rutina diaria, solo por un rato. Ven conmigo. Sepárate por unas horas. Quiero hablar contigo. Quiero tocar tu corazón. Quiero escucharte. Quiero enseñarte. Quiero revelarte las cosas que han de venir. Quiero fortalecerte. Quiero consolarte. Quiero darte las estrategias para superar las distracciones y frustraciones. Ven conmigo por un rato. Quiero refrescarte.

Salmo 23:3; Éxodo 15:2; Salmo 29:11

→ ORACIÓN ←

Me dedico a ti. Echaré mis ansiedades en ti. Me rindo a ti. Habla a mi corazón y refresca mi alma. Escucha mis lamentos y enséñame el camino que debo seguir. Abre tu corazón conmigo, y fortalece mi determinación a obedecer tu dirección.

CAMINA DE LA MANO CONMIGO

MIENTRAS CAMINAMOS JUNTOS de la mano, de corazón a corazón, sabes que nunca voy a dejarte ir. Nunca podrás zafarte de mí. Te tengo. Pero a veces sueltas mi mano. A veces te desconectas de mi corazón. A veces corres por delante de mi guía, y a veces te quedas atrás cuando estoy tratando de llevarte a un lugar nuevo. Aun así, estás en mi corazón y al alcance de mis ojos. Aun así, estoy esperando y observando y llamando. Así que cuando sientes como si yo no estoy caminando a tu lado, mira alrededor porque todavía estoy aquí. No estoy tan cerca como me gustaría estar. Camina conmigo.

SALMO 119:105; MIQUEAS 6:8; GÁLATAS 5:16

✦ ORACIÓN ✦

*Gracias porque tú eres un amigo que está
más unido que un hermano. Perdóname por
las veces que he andado delante de ti o detrás de ti, y déjame sentirte de forma tal que
me ayude a caminar al mismo paso contigo.*

ESPERA MÁS DE MÍ

SÉ QUE A veces se siente como si la gente esperara mucho de ti, más de lo que sientes que puedes dar, más de lo que deberías tener que dar, más de lo que ellos están dispuestos a sí mismos dar. Sé que a veces se siente como si la gente estuviera tirándote en un millón de direcciones diferentes sin considerar tus límites. La gente siempre espera más de ti de lo que puedes dar.

En cuanto a ti, deja de esperar tanto de otros, y comienza a esperar más de mí. Cuando lo haces, no serás decepcionado. Te voy a dar la gracia para hacer todo lo que te he llamado a hacer.

MATEO 6:15; ISAÍAS 30:18; 2 CORINTIOS 9:8

⇢ ORACIÓN ⇠

Los que confían en el Señor nunca se sentirán decepcionados. Decido en este día confiar en ti por la gracia que necesito para levantarme y manejar todo lo que tú esperas que haga, y por el coraje para decir no a esas cosas que no me has llamado a hacer.

MANTÉN UNA PERSPECTIVA CELESTIAL

ON LA MIRA en las cosas celestiales y no en las cosas de la Tierra. Todo en la Tierra se desvanecerá. Todos tus problemas, todos tus miedos, todas tus "cosas" son solo temporales.

Tendrás menos problemas con tus problemas y experimentarás menos temor si te mantienes en una perspectiva celestial. Mantén la perspectiva del Padre en tus pruebas y tribulaciones. Entonces tendrás la confianza y la paz que necesitas para moverte a través de ellos, aun mientras avanzas hacia tus recompensas eternas.

COLOSENSES 3:1-2; ISAÍAS 40:4-8; 1 PEDRO 5:10

✦ ORACIÓN ✦

La vida está llena de distracciones. No obstante, decido fijar mi mente en las cosas de arriba, no en las cosas de este mundo. Ayúdame a mantener una perspectiva celestial y rechazar los temores y preocupaciones que el mundo trata de traer a mi corazón.

TE PUEDO AYUDAR A HALLAR DESCANSO

EL TRABAJO DEL enemigo es agotar a los santos. Veo tu cansancio. Veo tus preocupaciones. Pero yo también veo tu sed. Veo tu hambre de justicia. Jesús invitó a todos los que estaban trabajados y cargados para que vinieran a Él, y Él prometió proporcionarles descanso. Toma su yugo sobre ti, y deja que Él te enseñe, porque Él es manso y humilde de corazón. Vas a hallar descanso para tu alma.

Puedo mostrarte cómo encontrar ese descanso para tu alma. Te puedo enseñar acerca de Jesús, tu Príncipe de paz. El cansancio saldrá cuando veas a Jesús como Él es y entiendas su amor por ti. Déjame mostrarte.

APOCALIPSIS 13:7; MATEO 11:28-30; ISAÍAS 9:6

⁺ ORACIÓN ⁺

Creo que tú me puedes mostrar cómo hallar descanso para mi alma. Enséñame cómo superar el espíritu de cansancio que viene contra mí. Enséñame más sobre el descanso que Cristo me prometió. Muéstrame a Jesús tal como Él es, y no voy a cansarme de hacer el bien.

QUIERO LLENARTE HASTA REBOSAR

QUIERO LLENARTE DE más de mí. ¿Quieres más? ¿Te rendirás a mí? Quiero llenarte hasta rebosar, de modo que seas un testigo convincente de que Jesús está vivo. Quiero llenarte hasta rebosar para que mis dones sobrenaturales se manifiesten a través de ti. Quiero llenarte de más de mí.

Veo tu sed y puedo satisfacerla. Tu parte es beber profundamente de mí. Recibe mi plenitud y todo lo que traigo conmigo.

EFESIOS 5:18; JUAN 7:38; HECHOS 1:8

✦ ORACIÓN ✦

Sí, quiero más de ti. Sí, voy a rendirme a ti. Yo quiero ser un testigo de Cristo en esta generación. Quiero moverme en los dones sobrenaturales. Quiero beber profundamente de ti. Lléname de nuevo para que pueda rebosar de tu amor.

MIENTRAS DEPENDAS DE MÍ, TE MOVERÁS EN UNA MAYOR UNCIÓN

A MEDIDA QUE APRENDAS a depender más de mí y menos de ti mismo, te moverás en una mayor unción, porque derramaré sobre ti mi gracia para que conozcas todas las tareas y hagas frente a cada desafío. Cuando empieces a depender cada vez más de mí y cada vez menos de otras personas, recibirás más y más sabiduría, revelación y entendimiento directo de mi corazón al tuyo. Soy confiable. Puedes depender de mí. Déjame buscarte dónde te encuentras y suplir todas tus necesidades.

JUAN 3:30; 2 CORINTIOS 12:9; ZACARÍAS 4:6

✦ ORACIÓN ✦

Me niego a depender de la fuerza de la carne, o la sabiduría del hombre. No es con ejército, ni con fuerza, sino contigo, el Espíritu de Dios, que yo podré vencer, soportar y prosperar. Ayúdame a resistir la tentación de dirigir y depender en mis habilidades naturales en lugar de depender de ti.

30 de julio

LO MEJOR ESTÁ POR VENIR

RECUERDA CUÁN LEJOS te hemos traído. Recuerda lo mucho que has cambiado. ¿No te hemos librado de cada prueba? ¿No te hemos mostrado la vía de escape? ¿No te hemos hecho crecer a través del dolor y de esas cosas que tú voluntariamente, y no tan voluntariamente, dejaste atrás para seguirnos? ¿No te dijimos que vendrían cosas mejores? ¿No estábamos en lo correcto?

Y ahora te digo que tu futuro será mayor que tu pasado. Sí, lo mejor está por venir. Prepárate.

2 Corintios 1:10; Juan 16:13; 1 Juan 3:2

✦ ORACIÓN ✦

Gracias por transformarme de gloria en gloria. Has restaurado mi alma y renovado mi mente. Tú eres fiel. Por favor, ayúdame ahora a prepararme para lo próximo que tú has planeado para mí. Ayúdame a preparar mi corazón para seguirte.

VEN CONMIGO A UN LUGAR SECRETO

TE ENCONTRARÉ DONDE estás si me permites que yo te dirija a donde quiero llevarte. Porque tengo un lugar en mente, un lugar en mí, donde deseo tener comunión contigo de una manera más profunda. Es un lugar secreto, un lugar donde no has estado antes. Es un lugar de adoración, donde nuestros corazones se conectarán con el tuyo de una manera fresca. Es un lugar donde olvidarás todas esas cosas que te distraen de nuestro amor y recordarás aquellas cosas que hemos compartido contigo en días pasados.

Ha pasado un tiempo. Te buscaré donde te encuentras. ¿Vas a venir conmigo?

ROMANOS 8:14; JUAN 4:24; 2 CORINTIOS 13:14

→ ORACIÓN ←

Sí, iré a dondequiera contigo. Dirígeme y guíame al lugar secreto, al lugar de adoración, al lugar de intimidad contigo. Ayúdame a tener una conexión del corazón que me cambie para siempre. Estoy listo.

Agosto

Ahora, pues, ninguna condenación hay para los que están en Cristo Jesús, los que no andan conforme a la carne, sino conforme al Espíritu. Porque la ley del Espíritu de vida en Cristo Jesús me ha librado de la ley del pecado y de la muerte. Porque lo que era imposible para la ley, por cuanto era débil por la carne, Dios, enviando a su Hijo en semejanza de carne de pecado y a causa del pecado, condenó al pecado en la carne; para que la justicia de la ley se cumpliese en nosotros, que no andamos conforme a la carne, sino conforme al Espíritu. Porque los que son de la carne piensan en las cosas de la carne; pero los que son del Espíritu, en las cosas del Espíritu.

—ROMANOS 8:1–5

YO TE DIRÉ LO QUE NECESITAS SABER

SI PUDIERAS COMPRENDER todo por ti mismo, no me necesitas a mí, ¿cierto? Aunque tienes la inteligencia y la capacidad de razonar, tú no puedes ver el final desde el principio, ¿o no? Tú no puedes ver lo que sucede en el mundo espiritual para bien o para mal, a menos que yo te lo muestre. Tú no puedes ver lo que está a la vuelta de la esquina en tu vida, a menos que te lo revele. Tú tienes la inteligencia y el razonamiento, pero yo tengo la sabiduría y la revelación. Estoy dispuesto y listo para compartir contigo lo que necesitas saber, si me lo pides y escuchas.

EFESIOS 1:17; SALMO 119:18; JUAN 16:13

✦ ORACIÓN ✦

*Tienes la razón; no puedo comprender todo.
¡Te necesito! Abre mis ojos para que pueda ver
lo que estás tratando de mostrarme. Dame espíritu de sabiduría y revelación en el conocimiento de Cristo. Dirígeme a toda la verdad.
Te lo estoy pidiendo y dispuesto a escuchar.*

2 de agosto

ASÓCIATE CONMIGO EN LA ORACIÓN

Asociarte conmigo en la oración hace más que allanar el camino para obtener las respuestas, y hace más que cambiar tus circunstancias; ello cambia tu corazón y tu mente. No puedes conectarte conmigo en oración sin tener comunión conmigo en el proceso. Y cuando tú te asocias conmigo en oración, confías en mi dirección para que hagas la oración perfecta. No te apoyes en tu propia prudencia. Me permites que yo dirija tus oraciones al Padre. Nosotros nos ponemos en común acuerdo para traer la voluntad del Padre a tu vida. Eso me emociona.

ROMANOS 8:26-27; EFESIOS 6:18; JUDAS 20

→ ORACIÓN ←

Gracias por interceder por mí de acuerdo a la voluntad del Padre. Mientras oro en el Espíritu y con mi mente, ayúdame a pedirle lo correcto al Padre. ¿Podrías venir a mi lado y ayudarme a hacer mis peticiones conocidas a Él aun cuando no sepa qué orar?

VE LA GLORIA DE CRISTO

Cuando realmente ves la gloria del Cordero de Dios que quitó tus pecados, empezarás a relacionarte con Él de manera diferente. Comenzarás a recibir del Padre con mayor libertad las cosas que necesitas para cumplir su voluntad, ya sea provisión o sanidad o sabiduría o cualquier otra cosa. Cuando realmente ves la gloria del Cordero de Dios que quitó tus pecados, podrás caminar en una total libertad y confianza que atraerá la gente a Jesús para la salvación de sus almas. Medita en la gloria del Cordero de Dios que quitó tus pecados y te estableció firmemente como un embajador de su reino.

JUAN 1:29; 2 TIMOTEO 2:8; HEBREOS 1:3-4;
COLOSENSES 1:16-20

→ ORACIÓN ←

Espíritu Santo, quiero ver a Jesús como tú lo ves. Quiero verlo en su poder y majestad. Yo quiero ver su gloria. Revélame la naturaleza y el carácter de Cristo, para que la verdad acerca de quién es Él y lo que yo soy en Él, me haga libre.

226 *Cada mañana con el Espíritu Santo*

PASA MÁS TIEMPO CONMIGO

TENDRÁS QUE HACER ajustes en tu agenda para cumplir con mi más alto llamado en tu vida. Sí, se requiere un cambio en la forma en que utilizas tu tiempo para que puedas llegar a tu destino. Tú oras, pero debes extender tu tiempo de oración. Tú adoras, pero debes profundizar un poco más. Tú estudias, ¡pero hay mucho más que quiero mostrarte! Si te comprometes a pasar treinta minutos más conmigo por las noches, a pesar de que estás cansado, yo traeré el descanso, la restauración, el refrigerio, la revelación, y aún más bendiciones a tu espíritu, alma y cuerpo. Quiero pasar más tiempo contigo. Sabes dónde encontrarme.

EFESIOS 5:16; MATEO 6:33; JUAN 15:1-5

✦ ORACIÓN ✦

Muéstrame los cambios que tengo que hacer en mi vida para buscar más de ti. Ayúdame a despojarme de todo peso que me está retrasando mientras corro mi carrera en Cristo. Atráeme a la oración, y dame hambre de tu Palabra. Ayúdame a obedecerte.

AS MISERICORDIAS DEL Padre son nuevas

NO MEDITES EN TUS ERRORES

$\mathcal{L}$AS MISERICORDIAS DEL Padre son nuevas cada mañana, así que no empieces el día meditando sobre los errores que hiciste ayer. Cuando te arrepientes, eres restaurado para que tengas comunión perfecta con el Padre que te da el poder para vivir una vida santa. Meditar en los errores del pasado te dispone para volver a cometer los mismos errores hoy.

En aquello que te enfocas es lo que tu alma va a llamar. En aquello que meditas producirá fruto, ya sea bueno o malo. Así que en lugar de meditar sobre tus pecados que te condenan, medita sobre el perdón del Padre que te limpia. Luego, pide la gracia para caminar en santidad.

LAMENTACIONES 3:22-23; 1 JUAN 1:9;
SALMO 51:2-4

→ ORACIÓN ←

Gracias por tu gran misericordia hacia mí. Ayúdame a recibir tu misericordia y tu perdón para poder caminar libremente en la novedad de vida que Jesús me ofrece. Ayúdame a no cometer los mismos errores otra vez. Derrama tu gracia sobre mí para caminar en santidad.

6 de agosto

DA GRACIAS SIEMPRE

CUANDO TE SIENTAS tentado a quejarte, encuentra algo por qué agradecernos. La queja es una tentación que el enemigo trae. Pero recuerda que el poder de la vida y la muerte están en tu lengua. Cuando te quejas, estás hablando muerte sobre algo.

En lugar de expresar tu insatisfacción, agradéceme por la sabiduría para superar lo que te está frustrando, para resolver los problemas que enfrentas, para hacerle frente al enemigo con la espada del Espíritu, o para abandonar una situación y dejar que yo me ocupe de ella. Tu alabanza te da el poder para enfocarte en recibir de mi sabiduría y hablar vida, incluso a aquellas cosas que huelen a muerte.

FILIPENSES 2:14-16; EFESIOS 5:20;
1 TESALONICENSES 5:18

→ ORACIÓN ←

*Ayúdame a mantener un corazón agradecido
en medio de las circunstancias frustrantes, las
pruebas, los ataques del enemigo y los días malos.
No voy ya más a quejarme, sino que levantaré
mi voz en alabanza y acción de gracias a Aquel
que me da la fuerza y la sabiduría para vencer.*

Cada mañana con el Espíritu Santo

MANTÉN TUS OJOS EN JESÚS

¿*N*o te dije que yo obraría en todo para tu bien? ¿No te expresé mi voluntad a tu corazón? ¿No son todas mis promesas Sí y Amén? El enemigo intenta robarte tu fe, fatigarte y agotarte, mostrándote todas las cosas que podrían salir mal. Intenta robarte tu paz al traer gente difícil a tu vida que se oponen a la voluntad del Padre. Cierra tus ojos naturales, sella tus labios y busca a Jesús. Él te librará de los aprietos estrechos y te llevará a un lugar espacioso.

ROMANOS 8:28; 2 CORINTIOS 1:20; EFESIOS 6:16

→ ORACIÓN ←

Gracias por recordarme tu Palabra. Decido caminar en fe. Decido levantar mi escudo de la fe y apagar todos los dardos de fuego del enemigo. Ayúdame a apartar mis ojos de mis circunstancias y ponerlos en el autor y consumador de mi fe.

8 de agosto

TÚ TIENES AUTORIDAD SOBRE EL ENEMIGO

*T*ú VENCES POR la sangre de Jesús y la palabra de tu testimonio, y por negarte a ti mismo sin importar lo que cueste, mientras buscas hacer la voluntad del Padre. Estos son principios de la guerra espiritual. Camina en estos principios, y manifestarás la victoria que te pertenece en Cristo.

Tú tienes autoridad sobre el enemigo en el nombre de Jesús, porque has aceptado la obra de la cruz. Declara tu autoridad y sigue dispuesto a continuar menguando para que Él crezca, y el diablo seguramente huirá.

APOCALIPSIS 12:11; LUCAS 9:23; SANTIAGO 4:7

→ ORACIÓN ←

¡Gracias por la sangre del Cordero! Ayúdame a crucificar mi carne. Ayúdame a negarme a mí mismo. Ayúdame a tomar mi cruz y seguir a Cristo en cualquier lugar y en todas partes. Declaro que tengo autoridad sobre el enemigo en el nombre de Jesús. Por favor, dame una mayor comprensión de esta autoridad.

CONOCE A LAS PERSONAS
POR EL ESPÍRITU

*L*AS PERSONAS NO siempre resultan confiables, incluso aquellos que se dicen llamar cristianos, pero siempre puedes confiar en el Cristo que los creó. Cuando entres en nuevas relaciones, sé perceptivo pero no suspicaz. Cree por lo mejor y conócelos por el espíritu y no por la carne.

Recuerda, Samuel pensó que Eliab era la mejor opción para ser el próximo rey de Israel, pero el Señor mira el corazón. Pídele al Padre que te muestre el corazón de la persona y su corazón para con ella, y eso cambiará la dinámica de tu relación. Y en lo que dependa de ti, sé digno de confianza.

1 Samuel 16:7; Juan 15:12; Lucas 6:32

✦ ORACIÓN ✦

Tú eres digno de confianza, aun cuando las personas no son dignas de confianza. Dame un corazón que discierne para poder entrar en nuevas relaciones de amistad con quienes tú me has llamado a tener amistad. Y sobre todo, ayúdame a mostrar el amor de Cristo, aun cuando no sea correspondido.

SIEMPRE CREE LO MEJOR

𝒩o PIENSES EN lo peor. Cree lo mejor. Depende de ti. El enemigo únicamente tiene pensamientos negativos para compartir; mis pensamientos acerca de ti son positivos. Los pensamientos del enemigo acerca de ti son de condenación; mis pensamientos acerca de ti son de amor. Los pensamientos del enemigo acerca de ti son para mal; mis pensamientos acerca de ti son puros y para bien.

Invócame. Ven y ora conmigo. Te ayudaré a derribar los pensamientos negativos del enemigo, pensamientos malignos y de condenación, y compartiré mi forma de pensar contigo.

JEREMÍAS 29:11; JUAN 10:10; SALMO 139:17-18

→ ORACIÓN ←

Me coloco el yelmo de la salvación en este momento y decido creer lo mejor, creer lo que tu Palabra dice acerca de cada situación. Ayúdame a rechazar los pensamientos del enemigo y abrazar tus pensamientos acerca de mí para así verme a mí mismo como tú me ves.

Mi Espíritu de paz habita en ti

*A*un cuando el caos te rodea, la paz habita dentro de ti. Jesús te dejó su paz, y Él es el Príncipe de paz. Yo soy el Espíritu de paz. Puedes estar enfrentando circunstancias desagradables y tener gente difícil en tu camino. Pero eso no cambia la realidad de que Jesús te dejó su paz y yo, el Espíritu de paz, habito en ti. Así que depende de ti. Puedes centrarte en el caos del mundo, o puedes centrarte en mi paz. No voy a ayudarte a que te enfoques en el caos, pero yo te ayudaré a superarlo al enseñarte cómo permanecer tranquilo.

Isaías 9:6; 2 Tesalonicenses 3:16; Isaías 55:12

→ ORACIÓN ←

Gracias por tu paz. Ayúdame a apropiarme de tu paz aun en medio de la tormenta. Dame la determinación de ir tras la paz en cada situación. Dame un hambre por la paz, y dame la gracia para ser un hacedor y mantenedor de la paz.

12 de agosto

APRENDE EL ARTE DE ECHAR FUERA

*E*STUDIA LA PALABRA echar y entenderás mejor lo que es la buena batalla de la fe. Cuando echas tu ansiedad sobre Jesús, cuando derribas los argumentos y toda altivez que se levanta contra el conocimiento de Dios, cuando echas fuera los demonios, estás tomando medidas enérgicas. Pero "echar" requiere esfuerzo. Las preocupaciones, los argumentos y los demonios no se van voluntariamente. Tienes que deliberada y agresivamente echar fuera esas cosas. Es parte de la batalla. Abraza el arte de echar fuera, y verás la manifestación de grandes victorias.

1 PEDRO 5:7; 2 CORINTIOS 10:5; MATEO 10:1

→ ORACIÓN ←

*Enséñame el arte de echar fuera mientras me
comprometo a entender este concepto de la
guerra espiritual. Cuando el enemigo eche
las ansiedades, los argumentos y la opresión
sobre mí, muéstrame cómo echar fuera estas
cosas y rehusarme a recibirlas de nuevo.*

DIOS TE ENTIENDE VERDADERAMENTE

ALGUNAS PERSONAS NO te van a entender. De hecho, van a malinterpretarte. Ser mal entendido puede causar dolor en tu alma, pero recuerda que Jesús fue mal entendido, maltratado y difamado. Tú, mi amigo, estás en buena compañía. El Padre ha sido mal interpretado en gran medida, y muchos han juzgado mal su corazón por aquellos que Él creó. Yo también soy ampliamente incomprendido e incluso ignorado. Cuando la gente te malentienda, no lo tomes mal. Te entendemos completamente. Te amamos tal como eres.

MARCOS 3:21; MATEO 12:22-30; HEBREOS 4:15

→ ORACIÓN ←

Estoy tan agradecido de que tengo un Consolador que entiende y puede empatizar con mis caprichos, mis debilidades y mis decepciones. Por favor, ayúdame a inclinarme hacia ti cuando sienta el dolor de ser mal entendido y me puedas consolar.

REVELARÉ LOS MISTERIOS

Yo quiero mostrarte los misterios del reino. Quiero compartir contigo las cosas que ojo no vio, ni oído oyó, ni han subido al corazón del hombre. Quiero mostrarte lo que el Padre ha preparado para ti, a quien Él ama profundamente. Está en mí poder revelar estas cosas.

He buscado el corazón del Padre y descubierto tesoros reservados solo para ti. Voy a revelártelos poco a poco mientras caminas conmigo. Voy a revelarte los misterios.

Mateo 13:11; 1 Corintios 2:9; Isaías 45:3

→ ORACIÓN ←

Quiero conocer los misterios. Quiero ver esas cosas ocultas que el Padre ha preparado para mí. Aviva mi corazón para caminar y hablar contigo durante todo el día, y así no perderme nada de lo que estás tratando de revelarme.

YO TE GUIARÉ A LA VERDAD

*M*UCHAS VECES ES mejor no decirle nada a la gente acerca de los desafíos que enfrentas y los obstáculos que se interponen en el camino entre ti y mi voluntad revelada. Muchos no tienen mi mente respecto al asunto, y muchos, aunque bien intencionados, ofrecerán consejos que no se basan en mi sabiduría.

Yo soy el Espíritu de verdad. Yo te llevaré y guiaré a la verdad que necesitas. No estoy tratando de ocultar la verdad de ti. Busca mi sabiduría sobre los retos y obstáculos. Te aseguro que te mostraré la verdad que te hace libre.

PROVERBIOS 17:18; ÉXODO 14:14;
PROVERBIOS 29:11

→ ORACIÓN ←

Esperaré calladamente por ti en todo momento, porque tú eres el que me libras de todas las acechanzas. Ayúdame a estar quieto delante de ti, y a esperar pacientemente en ti. Ayúdame a guardar mi boca y restringir mis labios de discutir con los demás lo que es mejor no compartir. Muéstrame la verdad que me hace libre.

VEMOS EN TU CORAZÓN

*V*EO EN TU corazón al Padre, y eso es lo Él está mirando. Veo en tu corazón a Jesús, y lo conmueves. Yo me veo en tu corazón, y me deleita. El hombre mira la apariencia exterior, los defectos, las debilidades, incluso las fortalezas, pero nosotros vemos en tu corazón. Tu amor puede parecer imperfecto y débil para con nosotros ante tus propios ojos, pero conmueve nuestro corazón. Nos emociona.

Te amamos más de lo que piensas. A medida que creces en la revelación de nuestro amor para contigo, tu amor por nosotros aumentará. Estamos viendo en tu corazón. Estamos mirando que tu corazón crece en amor. Estamos mirando que maduras en Cristo. Te amamos.

SALMO 26:2; HEBREOS 10:22; 1 JUAN 4:16

→ ORACIÓN ←

Siento como si te fallara muchas veces, pero yo te amo. Enséñame a amarte más. Dame una unción para amarte más. Aumenta mi capacidad para amarte más. Te mereces todo mi amor, y aun más de lo que tengo para dar.

CAMINA EN PAZ Y EN PODER

CUANDO ENCUENTRAS QUE te enojas sobre cualquier situación, verifica tus pensamientos. Cuando estás molesto por las circunstancias que te rodean, has dejado de confiar en mí. Donde existe la confianza, fluye la paz. Donde mora la paz, fluye el poder. Cuando el poder está presente, se puede producir el cambio.

El Padre quiere que todas las cosas obren para tu bien, porque Él te ama y tú lo amas. Así que echa tus ansiedades sobre Él y ora. Vas a caminar en paz y en el poder de Cristo, y vas a ver las cosas cambiar a su tiempo.

ROMANOS 12:2; FILIPENSES 4:6-9;
NÚMEROS 23:19

✦ ORACIÓN ✦

*Tu verdad es poderosa. Tu Palabra es viva y
eficaz, más cortante que toda espada de dos
filos. Quiero ser rápido para discernir los pensamientos que no se alinean con la verdad que
está en tu Palabra. Dame el poder para rechazar las mentiras del enemigo y del mundo.*

18 de agosto

LA REVELACIÓN DE MI AMOR TE TRANSFORMARÁ

$\mathscr{E}$L ENEMIGO ATACARÁ tu identidad, quién eres en Cristo, haciendo sugerencias que liberan vergüenza contra tu alma. El enemigo quiere hacerte pensar que hay algo malo contigo, pero yo te veo completo en Cristo. Tú estás completo en Cristo y eres acepto en el Amado.

Cuando la gente te critica, condena y juzga por áreas de tu carácter que aún no se perfeccionan, rehúsa recibir la vergüenza, la culpa y la condenación que sus palabras intentan poner en ti. Tú estás creciendo en la gracia, y te veo con ojos de amor. Vas a ser transformado por la revelación de ese amor, y no por la crítica del hombre. Concéntrate en mi amor.

COLOSENSES 2:10; EFESIOS 1:6; ROMANOS 8:2

⟶ ORACIÓN ⟵

Gracias porque soy libre de la ley del pecado y de la muerte. Soy una persona espiritual y nadie me juzga. Ayúdame a rechazar la condenación que viene de la gente y del enemigo, y recibir tu amor, que me ayuda a vencer cada falta.

TE AYUDARÉ A PERDONAR

*S*É RÁPIDO EN perdonar, más rápido que rápido. Cuanto más tiempo permanezcas en los pecados cometidos contra ti, más tiempo pasas alejado de mi corazón, porque mi corazón es un corazón perdonador. Yo no permanezco en los daños que me han causado. Yo no permanezco en los pecados cometidos contra mí. Mi corazón busca la restauración. Mi corazón busca la reconciliación. Mi corazón busca la paz.

Permanecer en los pecados cometidos contra ti no traerá la restauración, la reconciliación, o la paz. Pídeme, y yo te ayudaré a perdonar, tanto los delitos pequeños como las ofensas graves. Solo tienes que estar dispuesto.

EFESIOS 4:31-32; COLOSENSES 3:13;
MATEO 18:21-35

→ ORACIÓN ←

*Estoy dispuesto. Me niego a permanecer en
el pecado cometido contra mí. Dame el poder
para ser rápido en perdonar, incluso a los que
más me hirieron, no importa cuántas veces
me hirieron. Dame un corazón que busque
la reconciliación y la paz para tu gloria.*

YO ESTOY CONTIGO Y PARA TI

*L*AS PRUEBAS Y tribulaciones van y vienen. Pero yo siempre estaré contigo. Los ataques y las mentiras pueden venir en tu contra. Pero siempre estoy para ti. Yo soy tu lugar secreto. Yo soy tu refugio. No importa lo que venga en tu camino, estoy tan cerca de ti como quieres que esté. Puedo mostrarte qué camino tomar y decirte lo que vas a decir. Puedo dirigir tus pasos y poner las palabras en tu boca. Puedo darte sabiduría, protección y liberación. Tengo todo lo que tú necesitas, y estoy dispuesto a compartirlo contigo. No temas. Te amo.

ROMANOS 8:18; SALMO 34:7; SALMO 34:4

→ ORACIÓN ←

Ningún sufrimiento que atravieso se compara a la gloria que será manifestada en mí al regreso de Cristo. Gracias por estar conmigo a través de todo mi caminar. Dame el poder para estar firme y soportar, y líbrame del mal, y glorificaré tu nombre en la tierra.

Toma el camino de revés

HAS OÍDO DECIR: "Toma el camino de éxito". En el reino de Dios no es el camino de éxito que tienes que tomar, sino el camino de revés: la ruta de la humildad. Tomar este camino significa que tú hagas lo correcto por las personas que no hacen lo correcto por ti. Eso significa pedir la gracia y la sabiduría en lugar de moverte en tu propia fuerza e intelecto.

Mis pensamientos son más altos que tus pensamientos, y mis caminos son más altos que tus caminos. Jesús es manso y humilde de corazón, un rey humilde quien fue exaltado hasta lo sumo. Voy a ayudarte a caminar en la gracia de la humildad si me dejas.

SANTIAGO 4:6; 1 PEDRO 5:6; FILIPENSES 2:1-8

→ ORACIÓN ←

Escojo la humildad. ¿Podrás derramar esta gracia en mi corazón? Escojo imitar a mi humilde Señor. ¿Me darás la sabiduría para andar en sus caminos? Ayúdame a preferir a los demás y honrar a otros más que a mí mismo.

RÍNDETE TOTALMENTE A MÍ

SI TE ABANDONAS a mí, si te rindes totalmente a mí, y me permites obrar por completo a mi manera, voy a cambiar radicalmente tu modo de vida para la gloria de Jesús, de modo que todos a tu alrededor podrán dar testimonio de mi poder transformador, y tendrán hambre y sed de justicia. Si te rindes a mí en todo momento, permíteme renovar tu mente con la Palabra y tener comunión conmigo día y noche. A cambio, te daré más de lo que podrías imaginar, y te usaré en formas que jamás hubieras pensado pedir. ¿Qué dices?

JUAN 15:14; ROMANOS 12:2; 2 CORINTIOS 3:18

⇝ ORACIÓN ⇜

Quiero abandonarme a ti, entregarme completamente y permitirte que hagas conmigo a tu manera, aunque a menudo no doy al blanco. Mueve mi corazón a meditar en tu Palabra, y en ti, día y noche. Mi espíritu está dispuesto, pero mi carne es débil.

ACÉRCATE A MÍ

*A*CÉRCATE A MÍ así como yo ya estoy cerca de ti. Siempre estoy cerca de tu corazón. Cuando decidas acercarte a mí y poner tu corazón, mente, alma y fuerza para amarme, recibirás mi presencia, mi amor, mi paz, mi verdad, mi poder y todo lo que necesitas. Mi deseo es para que tú andes en estrecha comunión con mi corazón, así realmente te puedo dirigir en el camino hacia tu destino. Acércate a mí. Yo ya estoy cerca de ti. Estoy tan cerca de ti como tú quieres que yo esté. Acércate.

SANTIAGO 4:8; SALMO 63:1-2; SALMO 42:1-2

→ ORACIÓN ←

Tengo hambre y sed de ti, pero el espíritu del mundo siempre está ahí para tirarme en otra dirección. Fortalece mi resolución para buscar intimar contigo por encima de las demás cosas, de modo que pueda disfrutar en tu presencia gloriosa y llevar a otros a tu corazón.

24 de agosto

YO SOY SIEMPRE FIEL

*Y*o soy fiel. Yo soy siempre fiel. No traicionaré tu confianza. No pensaré diferente de ti, no importando lo que tú digas de mí. No te dejaré sin ayuda. No voy a retener nada de lo bueno de un corazón que busca el mío. Lo que sea que necesites, lo tengo. Cuando necesites un amigo, yo estoy contigo. Cuando necesites consuelo, recurre a mí. Cuando necesites comprensión, te la proporcionaré. Tengo mucho que ofrecerte, pero muchas veces te olvidas obtener de mí lo que necesitas. Te recuerdo: Estoy aquí para ti.

1 Corintios 1:9; Isaías 41:13; Juan 15:15

✦ Oración ✦

Espíritu Santo, tu fruto es fidelidad. Tú eres fiel, aun cuando yo soy infiel. Ayúdame a obtener de ti todo lo que necesito para caminar digno de mi vocación en Cristo, y correr mi carrera de tal manera que yo sea tenido como fiel al final.

DEJA LAS PREOCUPACIONES
DEL MUNDO ATRÁS

*D*EJA TODAS LAS preocupaciones de este
mundo atrás. No las tomes; recházalas.
Este es nuestro tiempo de comunión, y las ansiedades y preocupaciones que entran en tu mente
durante nuestro tiempo juntos, te distraen de mi
corazón. No puedes recibir mi paz, mi fuerza, mi
gozo, mi sabiduría y mi poder cuando le estás
dando pensamiento a las preocupaciones de este
mundo. Así que, de una vez por todas, echa tus
preocupaciones en mí y busca a Jesús. Mantén tu
mente en Él. Nosotros nos encargaremos de tus
preocupaciones, y nos preocuparemos de ti.

MARCOS 4:19; SALMO 55:22; MATEO 6:34

→ ORACIÓN ←

A veces las preocupaciones de este mundo se
sienten como si estuvieran ahogando tu vida
dentro de mí. Ayúdame a resistir la tenta-
ción de preocuparme cuando tú estás dis-
puesto y eres capaz de tener cuidado de mí.
Yo cambio mis preocupaciones por tu paz, tu
fuerza, tu gozo, tu sabiduría y tu poder.

26 de agosto

LA MISERICORDIA Y LA BONDAD TE SIGUEN

$\mathcal{L}$A MISERICORDIA Y la bondad del Padre te siguen dondequiera que vayas. La gracia y el amor de Jesús te persiguen. Mi parte es ayudar a que realmente entiendas eso. Piensa en esto: la misericordia, la bondad, la gracia y el amor te rodean. Mi poder habita en ti. Cristo en ti, la esperanza de gloria. Cuando tú verdaderamente recibes las profundidades de estas verdades, cuando ellas se convierten en una realidad en tu vida cotidiana, ellas transformarán tu visión, y verás con mayor claridad que la misericordia, la bondad, la gracia y el amor te están envolviendo.

SALMO 23: 6; COLOSENSES 1:27; JUAN 16:13-15

✦ ORACIÓN ✦

Declaro que tu bondad y tu misericordia me siguen dondequiera que vaya, y me regocijo en esta verdad. Ayúdame a reconocer tu gracia y gran misericordia. Revélame la esperanza de gloria que mora en mi corazón por medio de Cristo, y alabaré tu nombre.

LO TENEMOS TODO CUBIERTO

A VECES, PIENSAS DEMASIADO. ¿No sabes que ya nosotros lo tenemos todo resuelto? ¿No te das cuenta que tenemos un plan perfecto que incluye tanto el cuadro grande como los pequeños detalles? Lo tenemos todo resuelto, cada oportunidad y cada desafío. En lugar de pensar tanto sobre lo que podría suceder o cómo hacer esto o decir aquello, trata de pensar en el amor del Padre por ti y el sacrificio de Jesús en el Calvario. Confía en mí. Voy a revelarte todo lo que necesitas saber y hacer en el tiempo correcto. Estamos de tu lado, y nada nos sorprende.

PROVERBIOS 16:9; EFESIOS 3:20; SALMO 32:8

→ ORACIÓN ←

Estoy tan agradecido de que tus ojos están siempre sobre mí y que tú sabes el camino a seguir. Ayúdame a descansar en esa realidad, a confiar en tu tiempo y en tu dirección. Ordena mis pasos por el camino perfecto que tú has trazado para que yo camine.

YO SOY

*J*ESÚS ME ENVIÓ para ser tu maestro, tu ayudador, tu consolador, tu compañero, tu amigo. Yo soy tu abogado. Yo lucho por ti. Yo soy tu consejero, y te ofrezco el consejo sabio que te llevará a la verdad. Yo soy tu intercesor personal, y hago oraciones perfectas en tu nombre. Yo soy tu guardador, siempre dispuesto a intervenir para ayudarte cuando me necesites. Yo soy tu fortaleza. Cuando eres débil, yo soy fuerte. Puedo fortalecerte para cualquier cosa que Jesús quiera que hagas. Yo soy tu sanador. Yo soy el revelador de la verdad. Me deleita revelarte la verdad y mostrarte quién realmente es Jesús.

JUAN 14:26; JUAN 16:7; 2 CORINTIOS 12:10

✦ ORACIÓN ✦

Eres mi todo. Tú me ayudas en maneras
que aún nunca sabría. No quiero tomarte
por sentado porque nunca me tomas por sen-
tado. Enséñame a entrar más profunda-
mente en tu presencia para que reciba todos
los buenos regalos que tienes para mí.

RECIBE NUESTRO AMOR

*S*É QUE ESTÁS haciendo lo mejor que puedes. Relájate en mí. Tu amor puede parecer débil para ti, pero me encanta. Todo lo que quería de ti era que me ames con todo tu corazón, toda tu mente, con toda tu alma, y con toda tu fuerza. Así es cómo te amamos.

Al recibir nuestro amor por ti, podrás amarnos más y más y más. Tu capacidad de amar a la gente también crecerá. Y todo el mundo te reconocerá como uno de los verdaderos discípulos de Jesús por el amor que derramas. Vamos a verternos en ti ahora. ¿Estás listo para recibir?

LUCAS 10:27; 1 JUAN 4:9-12; JUAN 13:35

✦ ORACIÓN ✦

Estoy haciendo mi mejor esfuerzo, pero a veces mi mejor se queda corto, muy por debajo de la meta, y es frustrante. Recuérdame enfocarme en ti y en tu amor por mí para que tu amor perfecto empequeñezca los temores y las frustraciones que a veces me distraen de tu corazón.

PONTE DE ACUERDO EN SEGUIRME

*M*IRA HACIA EL futuro. ¿Qué ves? ¿Sabes que el plan del Padre para ti es aún mayor que lo que puedes ver? ¿Sabes que fue ordenado mucho antes de que nacieras? ¿Sabes que no hay enemigo lo suficientemente poderoso para detenerlo? A pesar de que aún no puedas ver la plenitud de tu destino en Cristo, puedes acercarte a él al aceptar en tu corazón y alma seguirme a dónde yo te llevo. Es mi gozo llevarte allí. Simplemente ponte de acuerdo.

SALMO 31:19; ISAÍAS 64:4; ISAÍAS 58:11

✦ ORACIÓN ✦

Conozco en parte y veo en parte, pero yo quiero saber más. Dame una vislumbre del plan del Padre. Te ruego me dirijas y guíes para así estar seguro de que lo cumpliré. Te seguiré.

PUEDES FLORECER EN MEDIO
DE LAS DIFICULTADES

Si TODO EN la vida fuera fácil, no crecerías en el carácter de Cristo. Considera la época de Jesús en la Tierra. ¿Fueron las circunstancias fáciles? ¿Fueron las personas que le rodeaban de apoyo siempre? ¿No vino el enemigo con tentaciones y piedras de tropiezo, y persecución y traición? Si el mundo lo odiaba, el mundo te odiará. Si la gente lo malinterpretaba, la gente te malinterpretará. Nadie prometió que sería fácil, pero fácil o no, se puede caminar en la justicia, la paz y el gozo en mí. Tú puedes florecer en el reino de Dios.

HEBREOS 5:8; JUAN 15:18; ROMANOS 14:17

✢ ORACIÓN ✢

Tú nunca prometiste que sería fácil. Sé que Jesús dijo que en el mundo tendría aflicción, pero que confiara, porque Él venció al mundo. Por favor, fortaléceme y dame paz para estar firme en medio del odio del mundo. Ayúdame a moverme en tu gozo a pesar de las circunstancias difíciles.

Septiembre

…porque si vivís conforme a la carne, moriréis; mas si por el Espíritu hacéis morir las obras de la carne, viviréis. Porque todos los que son guiados por el Espíritu de Dios, éstos son hijos de Dios. Pues no habéis recibido el espíritu de esclavitud para estar otra vez en temor, sino que habéis recibido el espíritu de adopción, por el cual clamamos: ¡Abba, Padre! El Espíritu mismo da testimonio a nuestro espíritu, de que somos hijos de Dios.

—ROMANOS 8:13–16

SOLO CREE

Solo cree. Eso es todo lo que se requiere de ti. Tu profunda convicción, la confianza y la fe en el Padre te impulsan a las buenas obras que Cristo ha preparado para que andes en ellas. Por la fe, darás amor. Por la fe, cumplirás las encomiendas que te demos. Por la fe, llamarás a las cosas que no son como si ya fuesen. Por la fe, perseverarás aun cuando todo parezca que está perdido. Solo cree. Eso es todo lo que se requiere de ti. Cuando confías en mí completamente, todo lo demás caerá en su lugar.

Marcos 5:36; Lucas 1:37; Hebreos 11:1

✦ ORACIÓN ✦

*Aumenta mi fe. ¡Ayuda a mi incredulidad!
Habla palabras de fe a mi corazón, y te seguiré.
Voy a cumplir la buena obra que Jesús ha preparado para mí como su colaborador. Confío
en ti; ayúdame a confiar en ti cada vez más.*

2 de septiembre

HÓNRAME CON TU TIEMPO

APRECIO CUANDO AJUSTAS tu agenda para pasar más tiempo conmigo. Yo veo las demandas en tu tiempo, la gente que te tira en diferentes direcciones, las presiones que intentan desplazarme de tu día. Cuando tú me honras con tu tiempo, me comprometo a ayudarte a cumplir las demandas, las responsabilidades y las presiones que el mundo trae en tu camino. Así que ven ahora y toma unos pocos minutos adicionales conmigo. Mi gracia te espera.

JUAN 15:1-5; DEUTERONOMIO 4:9; LUCAS 12:34

⁂ ORACIÓN ⁂

Pasar tiempo contigo es un gozo. Solo deseo tener más tiempo para dar. Muéstrame formas de ajustar mi horario para que pueda pasar más tiempo en tu presencia, en la oración, en la adoración y en el estudio de tu Palabra. Dame la gracia de hacer más en menos tiempo para que pueda dedicar más tiempo a ti.

NO DEJES QUE EL ENEMIGO TE DESANIME

*N*O PERMITAS QUE el enemigo te desanime cuando las cosas no salen como tú piensas que deberían ser, o trabajen de la manera que tú crees que deberían trabajar. Él no traería el desánimo a tu corazón si no estuvieras haciendo algo no le gusta. Él está tratando de que dejes de hacer lo que estás haciendo, para que parezca como si no estuvieras haciendo ninguna diferencia.

Tú estás haciendo una diferencia para mí. Estás haciendo una diferencia para el Padre. Estás haciendo una diferencia para Jesús. Estás haciendo una diferencia para mucha gente. Sé fiel. Sigue haciendo lo que estás haciendo. Tu recompensa en los cielos es grande.

ROMANOS 8:28; 1 CORINTIOS 9:24; GÁLATAS 6:9

⤖ ORACIÓN ⬳

Es desalentador cuando intento mi mejor esfuerzo y pareciera fracasar. Gracias por alentar mi corazón. Gracias por darme la Palabra de Dios para animarme a mí mismo en ti. Recuérdame que todas las cosas me ayudan a bien, porque te amo, no importa cuál sea el resultado.

AFÉRRATE A MÍ

AFÉRRATE A MÍ porque yo me estoy aferrando a ti. Mi mano de amor tiene tu alma bien agarrada. Mi gracia te puede proteger de los enemigos que tratan de distraer tu corazón del mío. A ti te corresponde recibir mi gracia. Te corresponde rechazar cualquier cosa que dificulte el amor. Rechaza cualquier cosa que haga que te alejes de mi corazón o aun quitar la mirada de Jesús.

Aférrate fuerte porque habrá muchas distracciones en los próximos días. Mi amor es tu red de seguridad. Nunca te soltaré. No te sueltes de mí.

JUAN 10:28-29; HEBREOS 13:5; JUAN 14:18

✦ ORACIÓN ✦

Nunca te soltaré. Yo estoy en ti y tú estás en mí. Somos uno. Muéstrame si hay algo que me distrae de tu corazón, y fortaléceme para aferrarme a tu Palabra cuando las personas y las circunstancias me tientan a soltarte.

AQUIETA TU ALMA Y OYE MI VOZ

$\mathscr{T}$E OIGO CUANDO clamas al Padre. ¿Me oyes cuando clamo a ti? Un abismo llama a otro abismo. La profundidad de lo que soy clama a ti con la instrucción, guía y sabiduría. Estoy clamando a ti con la verdad, la revelación y el entendimiento. A veces estás tan distraído por las personas que no oyes mi voz. Pero estoy siempre preparado con lo que necesites en cualquier momento dado. Aquieta tu alma. Oye mi voz. Presta atención a mi Palabra. Estoy hablando.

SALMO 18:6; 2 TIMOTEO 3:16; JUAN 10:27

→ ORACIÓN ←

Sigue clamando por mí, aun cuando sea lento para oír. Mantente hablando a mi corazón, aun cuando mi alma está distraída. Dame oídos para oír lo que tu Espíritu está diciendo para así nunca perderme tu instrucción, tu revelación y tu verdad.

YO TE DIRÉ LO QUE NECESITAS SABER

M E PUEDES PREGUNTAR lo que sea. No siempre podré decirte lo que tú quieres saber. No siempre podré decirte lo que tú quieres oír. Pero yo siempre te diré lo que necesitas saber y lo que necesitas oír. Nunca te mentiré. Nunca te llevaré por mal camino. Aunque no pueda revelarte todo lo que sé a la vez, estate seguro de que voy a irte revelando la verdad poco a poco mientras caminas conmigo hacia tu destino. Voy a compartir contigo aquello que puedes soportar. Así que pídeme todo, y confía en que te diré lo que necesitas saber. Yo soy fiel.

MATEO 7:7; NÚMEROS 23:19; JUAN 16:12

→ ORACIÓN ←

Tengo muchas preguntas, pero sé que tú tienes todas las respuestas, así que voy a preguntarte y te seguiré pidiendo. Ayúdame a estar contento con lo que tú optas por compartir conmigo en tu sabiduría y tu tiempo. Confío en que me conduces a toda la verdad.

MI AMOR POR TI NUNCA CAMBIA

*Y*o sé cuántos cabellos tiene tu cabeza. Yo sé cuántas lágrimas has llorado, y por qué las lloraste. Yo sé cuántas veces te has tropezado. Yo sé cuántas veces has querido rendirte. Yo sé cuántas Oraciones has orado. Yo sé cuántas alabanzas has cantado. He oído cada palabra que has hablado, y sé todo lo que vas a decir antes de decirlo. Nada de lo que puedas hacer me sorprende, bueno o malo. Y mi amor por ti nunca cambia. Veo tu fin desde el principio, y es tan hermoso como tú.

Lucas 12:7; Salmo 56:8; Salmo 139:4

✦ ORACIÓN ✦

Tú me conoces por completo y, sin embargo, todavía me amas. Eso me da una gran confianza en ti. Gracias por consolarme cuando lloro, recogerme cuando me caigo, ayudarme en mis oraciones y amarme a pesar de todo.

BUSCA EN MI CORAZÓN LAS VERDADES ESPIRITUALES

Conozco todos tus secretos. ¿Te gustaría conocer algunos de los míos? ¿Te gustaría saber lo que está en la mente de Cristo? ¿Te gustaría saber lo que está en el corazón del Padre? Si me buscas, te revelaré las cosas profundas que tú no conoces. Yo conozco los secretos profundos de nuestro Padre. ¿Quieres que te revele sus pensamientos? Busca y hallarás. Quiero que conozcas los pensamientos maravillosos y planes que el Padre ha preparado para ti. Busca en mi corazón las verdades espirituales, y encontrarás lo que buscas.

DEUTERONOMIO 29:29; PROVERBIOS 25:2;
1 CORINTIOS 2:11

→ ORACIÓN ←

Sí, me gustaría saber tus secretos. Quiero conocer la mente de Cristo y el corazón del Padre. Sin embargo, no puedo hacer nada separado de ti. ¿Me ayudarás, a la vez que me comprometo, a buscar las cosas secretas que deseas revelar a mi corazón?

MIRA CUÁN LEJOS HAS LLEGADO

*M*IRA DIEZ AÑOS hacia atrás. ¿Alguna vez pensaste que estarías dónde te encuentras en este momento? ¡Mira cuán lejos has llegado! ¡Mira cuánto has cambiado! ¡Mira cómo tu corazón ha crecido! Mira hasta dónde tu mente ha sido renovada y cuán diferentes son tus pensamientos, palabras y acciones. Mira de lo que has sido liberado y en qué te has transformado. Mira las victorias que has visto en Cristo. Mira de dónde has venido. Ahora, si puedes, imagínate a dónde puedo llevarte de aquí a diez años más. No te limites.

MATEO 19:26; LUCAS 6:43-45; MARCOS 9:23

⟶ ORACIÓN ⟵

Estoy sorprendido de cuán lejos tú me has traído y cómo has transformado mi corazón para parecerme más a Cristo. Todas las cosas son posibles para el que cree. Nada es demasiado difícil para ti. Ayúdame a creerte por lo que parece imposible.

10 de septiembre

HAZ LUGAR PARA MÁS DE MÍ

*R*ECÍBEME. RECIBE MÁS de mí. Haz espacio en tu corazón para mi verdad. Haz espacio en tu corazón para mi sabiduría, mis dones, mi fruto, mi poder; haz espacio para mí. Hacer espacio para más de mí implica dejar a un lado cualquier peso que te agobia. Deja a un lado la preocupación. Deja a un lado las distracciones del mundo. Deja a un lado los malos recuerdos del pasado que te retrasan. Cuando sueltes todas esas cosas, serás capaz de llegar a nuevas profundidades de mi amor. Voy a derramar mi amor extensamente en tu corazón para que puedas derramarlo a los demás para la gloria de Jesús.

HEBREOS 12:1; FILIPENSES 3:13; ROMANOS 5:5

↱ ORACIÓN ↰

Voy a menguar para que tú puedas crecer. Voy a crucificar mi carne para que haya más espacio para ti. Moriré diariamente a las cosas de este mundo. Me negaré a mí mismo y llevaré mi cruz. Solo te pido una cosa mientras me dispongo a hacer esto: dame la gracia.

CONOCE LA TEMPORADA DONDE ESTÁS

*E*s bueno saber en qué temporada te encuentras, porque así como le dije a Salomón, hay un tiempo de plantar y un tiempo de arrancar lo plantado, un tiempo de destruir y un tiempo de edificar, un tiempo de llorar y un tiempo de reír, un tiempo de esparcir piedras y un tiempo de juntar piedras, un tiempo de hablar y un tiempo de callar, un tiempo de guerra y un tiempo de paz. Para todo hay una temporada y un tiempo. Voy a revelarte los tiempos y las temporadas de tu vida si me lo pides. Tu parte es estar cerca de mi corazón a través de todos ellos.

ECLESIASTÉS 3:1-8; 1 CRÓNICAS 12:32;
SALMO 31:14-15

→ ORACIÓN ←

*Tu tiempo es perfecto. Tus temporadas son
con un propósito. Por favor, ayúdame a
discernir las temporadas en que estoy en-
trando y saliendo para que pueda cooperar con tu Espíritu. Por favor, muéstrame
tu tiempo perfecto en todas las cosas.*

PERMÍTEME REVELARTE A CRISTO

*J*ESÚS DIJO CLARAMENTE: "Venid a mí todos los que estáis trabajados y cargados, y yo os haré descansar. Llevad mi yugo sobre vosotros, y aprended de mí, que soy manso y humilde de corazón; y hallaréis descanso para vuestras almas; porque mi yugo es fácil, y ligera mi carga". Bueno, ¿cómo crees que aprenderás de Él? Él me envió aquí para enseñarte. Soy tu maestro. Voy a revelarte las profundidades del carácter de Cristo: su amor, su gozo, su mansedumbre, su humildad de corazón, y mucho más. Deja que te enseñe.

MATEO 11:28-30; 1 JUAN 2:27; JUAN 14:26

✦ ORACIÓN ✦

Quiero que tú me enseñes de Cristo. Quiero aprender a cómo descansar en Él y cómo caminar en Él. Muéstrame las profundidades de su carácter y transfórmame a su imagen, y nunca voy a ser el mismo. Enséñame a rendirme más a ti.

NO DEJES QUE LAS
EMOCIONES TE ENGAÑEN

*L*A BLANDA RESPUESTA quita la ira. La paz engendra paz. La sabiduría refrena su lengua cuando las emociones están a flor de piel. Te hemos creado un ser emocional. Nosotros también tenemos emociones. Nosotros sentimos el gozo. Lloramos. Nos enojamos. "Airaos, pero no pequéis". Si estás afligido, no hables precipitadamente. Hay un tiempo para hablar y para permanecer callados.

Cuando te insto a hablar, yo te guiaré con la verdad, la gracia y el amor. Eso no significa que lo que digas siempre será bien recibido. En cuanto dependa de ti, vive en paz con todas las personas.

PROVERBIOS 15:1; PROVERBIOS 29:11;
ROMANOS 12:18

→ ORACIÓN ←

Las emociones son volubles y poco fiables. Ayúdame a ejercitar el fruto del dominio propio sobre mis emociones, ya sea que estén alteradas o muy quietas. Recuérdame los principios en tu Palabra para que pueda caminar en la verdad, el amor y la paz, no importa cómo me siento.

ESTAMOS ESCUCHÁNDOTE

Sí, estamos escuchando. El clamor de tu corazón conmueve nuestro corazón. No solo hemos oído tus oraciones, peticiones, súplicas e intercesiones, sino que también estamos trabajando juntos activamente en todo para tu bien y el bien de los que amas. Nuestra voluntad es buena, por tanto, confía en nosotros sin vacilar. Escuchamos tu corazón y nos conmueve. Estamos contigo. Todo va a estar bien.

Salmo 34:17; 1 Juan 5:14; Salmo 28:7

✦ ORACIÓN ✦

Gracias por escuchar los gritos de mi corazón. Gracias por considerar mis peticiones y actuando en mi intercesión. Confío en ti. Ayúdame a permanecer firmes en la confianza, incluso cuando no lo hago ver las cosas que estoy orando acerca de cambiar.

QUIERO TRAERTE A UNA INTIMIDAD MÁS PROFUNDA CON CRISTO

Quiero traerte a una intimidad más profunda con Cristo. Quiero que veas cuán ancho y largo, cuán alto y profundo es su amor por ti. ¡Nada puede separarte de Él! Él te redimió con su sangre, y tú le perteneces a Él.

Medita en el amor de Cristo. Véelo como el Rey-Novio que arde con un amor eterno por ti. Trata de comprender sus emociones hacia ti. Contempla su hermosura. Búscalo como lo hicieron María de Betania y el apóstol Juan, y escucharás el latido de su corazón. Late por ti.

SALMO 27:4; LUCAS 10:38-42; JUAN 13:23-25

✦ ORACIÓN ✦

*Espíritu Santo, quiero que me lleves a una in-
timidad más profunda. Eso es lo que anhelo.
Por favor, dame la sabiduría, el entendimiento
y la revelación acerca del amor de Cristo. Por
favor, ayúdame a mantener los ojos fijos en
Él y apoyarme en el corazón de mi Amado.*

TE ESTOY AFILANDO PARA LA BATALLA

*E*L HIERRO SE afila con el hierro, por lo que una persona afila a otra. No te resistas al hierro. No huyas de la presión divina. No trates de escapar de la abrasión. Todo esto es parte del proceso. Sí, el Padre ha puesto personas en tu vida como instrumentos para afilarte. Estas personas no son tus enemigos. Así que no los trates como adversarios ni opositores. Humíllate a ti mismo y obtén mi perspectiva sobre el proceso. Yo te estoy afilando para la batalla, no contra carne y sangre, sino contra el verdadero enemigo: principados y poderes, y fuerzas demoníacas. Te estoy afilando para la guerra espiritual.

PROVERBIOS 27:17; SALMO 144:1; SALMO 18:34

→ ORACIÓN ←

No me gusta el afilamiento, pero sé que es por mi propio bien. Tú estás adiestrando mis manos para la batalla y mis dedos para la guerra. Enséñame a caminar en el amor y la humildad. Recibo tu instrucción. Por favor, dame la gracia para desplazarme en esta temporada.

TRATA A LAS PERSONAS BIEN AUN CUANDO ELLAS TE TRATEN MAL

*H*AZ LO CORRECTO por la gente aun cuando ellas no hagan lo correcto por ti. Dos acciones incorrectas nunca llegan a lo correcto, y tú puedes estar equivocado acerca de la persona que piensas te ha hecho mal. Puede que ella no te haya hecho mal en absoluto. La información que has obtenido, el sentido que has tenido y las observaciones que has hecho, pueden haberte llevado a una suposición incorrecta. Y aun cuando tu discernimiento sea preciso, incluso si alguien está chismeando de ti o te calumnia o te persigue, de todos modos, haz lo correcto por él. Y ora por él. En otras palabras, actúa como tu Padre que está en los cielos.

GÁLATAS 5:14; LEVÍTICO 19:18; MATEO 5:44

→ ORACIÓN ←

No quiero asumir lo peor de la gente; quiero creer lo mejor. Ayúdame. Fortalece mi corazón para resistir la tentación de intercambiar mal por mal. Dame la fortaleza para devolver bien por mal, y para orar por quienes me han hecho daño.

PONTE DE PIE Y PERMANECE DE PIE

SÉ QUE SIENTES como si has estado esperando en el Señor durante mucho, mucho tiempo. Sé que parece como si has estado esperando por siglos por el cambio que quieres ver tan desesperadamente. Sé que parece como si nunca tus Oraciones serán contestadas, pero cobra ánimo. Sé fuerte y valiente. Conoce, confía y cree. Ponte de pie y permanece de pie en la fe, no dudando nada. No te cansarás de esperar. Todas las promesas de nuestro Padre son Sí y Amén. Vas a ver la gloria del Señor en tus situaciones. Permanece de pie. No te rindas ahora.

LAMENTACIONES 3:25; SALMO 27:14; EFESIOS 6:13

→ ORACIÓN ←

*Gracias por alentar mi corazón. He hecho todo
lo que puedo hacer, así que voy a levantarme
en la fe, agradeciéndote por tu buena voluntad.
Ayúdame a no cansarme mientras estoy de
pie creyendo en tu Palabra y en las respuestas
a la oración. ¡Rehúso darme por vencido!*

PRÉSTAME OÍDOS

*N*o le prestes oídos al enemigo, porque si le permites que él susurre a tu oído, en poco tiempo estarás hablando de sus planes por tu boca. Va a dar vida a sus planes mortales al ponerte de acuerdo con sus mentiras. Así que no prestes oídos al enemigo, sino préstamelos a mí. Deseo hablarte vida, palabras de vida que puedes declararlas por tu boca de acuerdo a mi voluntad, las palabras que contrarrestan las mentiras del enemigo y traen paz a tu ser y gracia a todos los que las escuchan. Así que préstame oídos y pon tus ojos en la Palabra, y tu mente será renovada.

Juan 8:44; Juan 10:10; Juan 6:63

→ ORACIÓN ←

El diablo es un mentiroso, pero es tan sutil que a veces su voz me entretiene cuando debería estar reprendiéndolo. Ayúdame a prestar oídos a tus palabras y solo a tus palabras. Ayúdame a hablar solo las cosas que se alinean con tu verdad.

AGRADECE A DIOS POR LO
QUE ÉL TE HA DADO

*T*Ú NO NECESITAS orar por la paz, porque Jesús ya te dio su paz. No necesitas orar por la gracia porque yo, el Espíritu de gracia, habito en ti. Solo necesitas una revelación más profunda de lo que te pertenece en Cristo. Él te dado todas las cosas que pertenecen a la vida y a la piedad. Solo tienes que apropiarte de ellos. Solo necesitas ser consciente de lo que tienes y agradecernos por ello. El agradecimiento por sus dones de paz y gracia desata el poder para caminar en ellos.

JUAN 14:27; JUAN 16:33; ROMANOS 8:6

✦ ORACIÓN ✦

¡Gracias por tu paz! Enséñame a apro-
piarme de la paz que tú me has dado. Ensé-
ñame cómo aprovechar ese fluir de paz que
sobrepasa todo entendimiento. Ayúdame a
poner mi mente en ti, para que así yo pueda
experimentar la paz que habita en mí.

TE HE DADO DONES PARA USARLOS PARA LA GLORIA DE CRISTO

$\mathcal{T}$E HE DADO dones, y espero que los uses. Te he dado talentos naturales que quiero que los uses para la gloria de Cristo. También te he dado dones espirituales con los que bendices a muchos. Tú has sido llamado para esta hora. Tú has sido dotado para este tiempo.

Tus dones harán espacio para ti. Ahora observa por nuevas formas de expresar tu talento natural y tus dones espirituales, y yo te mostraré a dónde ir. Encontrarás una cálida bienvenida. Pero camina hacia adelante en humildad y recuerda que te hemos dado todo lo que necesitas con el fin de que se cumpla nuestra voluntad.

1 PEDRO 4:10; ROMANOS 12:6;
1 CORINTIOS 12:1, 4-11

→ ORACIÓN ←

Gracias por los dones y talentos que me has dado. Me comprometo de corazón a usarlos de acuerdo a tu voluntad y para la gloria de Cristo. Muéstrame las maneras de ejercer estos dones dados por Dios. Dame la oportunidad de glorificar a Jesús.

TE AMO

*L*A VERDAD ES que te amo. Siempre te he amado. Siempre te amaré. Te amo con una sinceridad de corazón que me conduce a vivir contigo, a aconsejarte, a consolarte, e incluso a traer convicción a tu corazón cuando comienzas a alejarse de mi amor.

El Padre te ama absolutamente. Jesús te ama apasionadamente. Nuestro amor es perfecto. Nuestro amor no te fallará. Nada te podrá separar de nuestro amor. Recibe nuestro amor hoy.

ROMANOS 8:31-39; 1 CORINTIOS 13:8; 1 JUAN 4:19

→ ORACIÓN ←

Gracias por tu amor. Tú me has amado desde antes que yo te amara, y nunca dejarás de amarme. Dame una unción para amarte más, y amar a la gente a mi alrededor más y más. Quiero que mi amor abunde y crezca.

YO TE DIRÉ CUÁNDO RESPONDER

A veces no vale la pena responder a quienes se te oponen, y a veces es necesario. Mira a Jesús. Muchas veces, Él les respondió a los fariseos y saduceos cuando trataron de tenderle una trampa con sus palabras. ¿Puede usted imaginar el orgullo que tenía que haber en ellos para que intentaran controlar la Palabra de Dios con palabras humanas? A veces, Jesús respondió de nuevo. Otras veces, Jesús no dijo nada para defenderse, incluso cuando su carne y sangre estaban en juego. Así que sé lento para hablar, y pondré palabras en tu boca, y te daré una unción cuando quiera que respondas.

Marcos 12:13-17; Marcos 14:61; Lucas 21:15

⟡ ORACIÓN ⟡

Dame la sabiduría para saber cuándo mantener la boca cerrada y cuándo responder a mis acusadores. Cuando quieras que yo hable, por favor, enséñame lo que debo decir. Pon las palabras correctas en mi boca. Quiero que cada palabra que hable sea conforme a tu voluntad.

24 de septiembre

ME ENCANTA CUANDO TOMAS TIEMPO PARA MÍ

Muchas personas en el mundo, incluso los que llaman a Jesús Señor, van de prisa y corriendo en torno a las preocupaciones de la vida y abandonan las cosas del Espíritu. Me lleno de gozo porque tú haces un esfuerzo para pasar tiempo conmigo. Mi corazón se estremece. Me encanta cuando pones a un lado las cosas que tratan de llamar tu atención y te alejan de nuestro tiempo juntos; cuando dices "no" a esas cosas y "sí" a mi corazón. Me encanta cuando te detienes, incluso por un par de minutos en la mitad de tu día ocupado, para decir: "Te amo".

ROMANOS 8:5; LUCAS 21:34-35; GÁLATAS 6:8

→ ORACIÓN ←

Admito que el ajetreo y el bullicio de la vida, y las circunstancias difíciles que atravieso en el camino, a veces me distraen de tu presencia. Alerta mi corazón cuando me estoy centrando en las cosas equivocadas, para que yo vuelva mi atención nuevamente a ti.

ORA POR LOS QUE TE HAN HECHO MAL

*S*É QUE TU corazón ha sido reconciliado con los que te han hecho mal. Sé que has perdonado totalmente y no tienes mala voluntad hacia ellos. Ese es el corazón del Padre hacia su creación. Tener un corazón reconciliador nos conmueve. Pero aquellos que te han causado daño aún pueden estar en la esclavitud de su propia amargura y engañados por sus propios sufrimientos. Así que continúa orando por ellos. Los amo también. Un día Jesús va a reconciliar todo.

MATEO 5:23-26; HEBREOS 12:14-15; MATEO 5:44; COLOSENSES 1:19-20

→ ORACIÓN ←

Me esfuerzo por mantener la paz con todos, pero no todo el mundo quiere mantener la paz conmigo. Estoy preocupado por sus almas, por eso los levanto a ti en este momento y te pido que viertas la gracia del perdón en sus corazones.

VOY TRAS TU CORAZÓN

No necesito nada de ti, pero quiero algo. Quiero una cosa. Sí, hay algo que busco. Voy tras tu corazón. Y no voy a estar satisfecho con una pequeña porción. Voy a seguir enamorándote con mi amor hasta que te hayas entregado a mi persecución amorosa. Quiero todo tu corazón. Lo quiero todo. Lo queremos todo. Te amamos con todo nuestro corazón, amado. Nada puede separarte de nuestro amor.

Proverbios 23:26; Deuteronomio 6:5;
Romanos 8:38-39

→ ORACIÓN ←

Te doy todo mi corazón. No voy a retener nada de ti, porque tú eres digno de recibir más de lo que puedo darte. Muéstrame lo que sea que esté en mi corazón que se resiste a tu amor, y yo me alejaré de él y volveré a ti.

PRACTICA MI PRESENCIA

*P*RACTICA MI PRESENCIA. Ten en cuenta que yo habito en ti. Piensa en mí todo el día, porque siempre estoy pensando en ti. Cuando se tiene en cuenta mi presencia; cuando mi ser es lo más importante en tu mente; cuando meditas en mí, tú sentirás mi vida. Vas a fluir en mi gracia, sabiduría, misericordia, amor, bondad, paciencia, mansedumbre, y en todo lo que soy. Practica mi presencia. Sé consciente de que yo habito en ti.

SALMO 16:11; SALMO 27:8; JEREMÍAS 29:13

✦ ORACIÓN ✦

Quiero practicar tu presencia. Interactúa con mi corazón día y noche y enséñame cómo ser más sensible a tu guía. Yo quiero que sea obvio para todos los que están a mi alrededor cuando he estado en tu presencia, por el fruto que se manifiesta en mi vida.

DEJA QUE TU AMOR POR MÍ TE ABRUME

JAMÁS ESTOY TAN cerca de ti como cuando tu adoración te hace llorar. Cuando tu corazón de amor comienza a desbordarse con expresiones llenas de lágrimas, sé que has visto mi gloria; has probado mi bien; has tomado de mi fuente de gracia. Tu hambre y sed están siendo saciadas, y estás siendo rellenado, renovado y recargado. Donde está el Espíritu del Señor, allí hay libertad. Me encanta cuando tu amor por mí te abruma.

JUAN 4:24; SALMO 34:8; 2 CORINTIOS 3:17

→ ORACIÓN ←

Tengo muchos deseos de mover tu corazón de una manera nueva, de adorarte en espíritu y verdad, para ir más profundo en tu amor. Que esto no sea una experiencia ocasional. Ayúdame a presionar más allá de mi carne y mente errante para adorarte por completo.

EL PADRE USARÁ LOS ATAQUES
DEL ENEMIGO PARA TU BIEN

*Y*O SÉ QUE no todo lo que has estado atravesando ha sido agradable. También debes saber esto: el Padre tiene la sabiduría para hacer que aun lo que el enemigo intentó para mal, Él lo usa para su gloria. Él quiere utilizar incluso los ataques del enemigo para tu crecimiento, para fortalecerte, en última instancia, para que ayudes a otros. El Padre te recompensará por cada injusticia que has enfrentado, si se lo permites. Pon cada una de ellas en sus manos.

Vas a pasar por más momentos en el futuro que no son agradables, pero confía en el Padre que Él las tornará para tu bien. Él será glorificado en tu vida. Él lo hará. Confía en Él. Él es bueno.

EFESIOS 1:11; GÉNESIS 50:20; ROMANOS 12:19

→ ORACIÓN ←

Mi corazón se deleita en que, de alguna manera,
tú conviertes la tragedia en triunfo y utilizas
incluso los días malos para edificar mi carácter.
Ayúdame a abrazar las pruebas y las injusticias,
sabiendo que voy a crecer en paciencia, y que tú
resolverás las cosas de acuerdo a tu voluntad.

QUIERO TU CORAZÓN COMPLETAMENTE

*T*U ADORACIÓN HACIA mí no cambia mi corazón por ti. Mi corazón siempre ha sido y siempre será recto para contigo. Yo nunca te amo ni más ni menos de lo que lo hago ahora. Sin embargo, cuando tú me adoras, tu corazón cambia hacia mí. Cada vez que me adoras en espíritu y en verdad, hace que tu corazón sea un poco más tierno hacia mí y te trae más cerca de mi corazón. Esto cambia tu alma y fortalece tu cuerpo para correr tras de mí en cada nuevo nivel. Quiero tu corazón completamente.

EZEQUIEL 36:26; SALMO 51:10; JUAN 4:23-24; MATEO 5:8

→ ORACIÓN ←

¡Cambia mi corazón, Espíritu Santo! Pon a prueba mi corazón y mi mente. Pruébame y elimina cualquier cosa que impida tu amor. Purifica mi corazón. Dame un corazón que cree firme en tu Palabra. Clamo con todo mi corazón: Respóndeme, y seguiré tus estatutos.

Octubre

Y de igual manera el Espíritu nos ayuda en nuestra debilidad; pues qué hemos de pedir como conviene, no lo sabemos, pero el Espíritu mismo intercede por nosotros con gemidos indecibles. Mas el que escudriña los corazones sabe cuál es la intención del Espíritu, porque conforme a la voluntad de Dios intercede por los santos.

—ROMANOS 8:26–27

¿EL ESPÍRITU O LA CARNE?

*S*ER CAPAZ DE discernir los espíritus requiere que tengas un espíritu de discernimiento. Deducir, presumir o adivinar puede ser un ejercicio peligroso. Muchas veces lo que crees que es un espíritu es meramente la carne.

Ten cuidado de no salirte de equilibrio en el ámbito espiritual. La carne está en enemistad conmigo. Yo peleo contra ella. A menudo, lo que tú enfrentas no es un espíritu, sino la naturaleza carnal que se levanta contra ti. Las acciones de las personas pueden o no ser motivadas por un espíritu. Siempre pregúntame.

1 JUAN 4:1; 1 CORINTIOS 12:7-11;
1 TESALONICENSES 5:21

✢ ORACIÓN ✢

No quiero jugar a las adivinanzas en el espíritu, así que te necesito para que me muestres lo que es necesario ver. Ayúdame a mantenerme en equilibrio con la Palabra de Dios, para no abrirme al engaño. Aumenta en mí la habilidad de discernir los espíritus.

2 de octubre

LA CONFIANZA SIGNIFICA NO TENER TODAS LAS RESPUESTAS

ONFIAR EN MÍ significa no tener todas las respuestas. Yo sé que te gusta tener todo resuelto antes de tiempo, pero no siempre es necesario o aún beneficioso para ti tener todas las respuestas por adelantado. Tener todas las respuestas no requiere confianza.

Muchas cosas suceden detrás del escenario que no ves. Ver esas cosas solo distraería tu corazón. Yo te guiaré hacia adelante en paz. Reconocerás mi paz porque es espiritual, no anímica y es perfecta.

SALMO 13:5; ISAÍAS 26:3-4; SALMO 33:21

✦ ORACIÓN ✦

Me gusta tener todas las respuestas. Me gusta ver todo el cuadro completo. Pero decido confiar en ti, el único que tiene todas las respuestas y ve el cuadro completo. Ayúdame a vencer mis preocupaciones, mis dudas y mis miedos, y confiar en ti con todo mi ser.

PIENSA EN LO QUE JESÚS HIZO POR TI

D ETENTE Y PIENSA acerca de lo que Jesús, tu hermoso Salvador, hizo por ti. Él fue colgado de una cruz, desnudado, con clavos en sus manos y pies, ensangrentado, burlado, despreciado de los hombres, para pagar el precio por tus pecados. Él hizo todo eso por ti, porque te ama apasionadamente. Él lo hizo con la esperanza de ganar tu amor.

Cuando Él ganó tu corazón, te dio su nombre, su Palabra, su autoridad, su vida eterna, su mente y su Espíritu. No hay nada que Jesús no hiciera por ti. Él desea que yo te lo diga hoy, y Él desea que lo recuerdes todos los días.

HEBREOS 12:2; ROMANOS 3:25; EFESIOS 1:3-12

✦ ORACIÓN ✦

Gracias por redimirme, perdonarme, y hacerme saber el misterio de tu voluntad según tu buen placer. Gracias por bendecirme con toda bendición espiritual. Ayúdame a caminar en la plenitud de lo que Cristo hizo por mí.

DEJA QUE TU HOMBRE ESPIRITUAL TOME LA INICIATIVA

*E*N QUÉ TE enfocas es cosa tuya y depende de ti solamente. Y a veces en lo que te enfocas resulta ser más grande de la cuenta. Cuando te enfocas demasiado en los pequeños problemas, tu mente comienza a descender por la ruta de los "y si", y determinas posibles resultados. Cuando empiezas a imaginar cómo los dos lados de una conversación irían, te estás moviendo en el ámbito del alma en lugar del ámbito espiritual. El Padre te creó con una mente, unas emociones y un intelecto, pero Él siempre intenta que tu hombre espiritual sea el que dirija. Una mente sin paz es una mente que no está sometida a mí.

SALMO 43:5; HEBREOS 4:12; ROMANOS 8:6

→ ORACIÓN ←

No quiero magnificar los problemas. Quiero magnificarte a ti. Ayúdame a no participar en interminables razonamientos que me dirigen a la preocupación. Ayúdame a mantener mi mente fuera de las cosas de este mundo, y a escuchar lo que tú me estás diciendo para que pueda tener paz.

Cada mañana con el Espíritu Santo

MANTENTE HAMBRIENTO DE DIOS

 N CORAZÓN DESESPERADO por Jesús es hermoso. El sonido de tu adoración nos acerca a ti. Estamos más cerca de ti de lo que puedas pensar. Nos acercamos a ti mientras tú te acercas a nosotros. Tú eres nuestro tabernáculo de adoración.

Esos preciosos momentos de comunión contigo nos dan la oportunidad de compartir nuestro corazón, llenar tu espíritu y bendecir tu mente con una revelación mayor del propósito para el cual fuiste creado.

Mantente hambriento. Mantente sediento. Cada encuentro con nosotros traerá un aumento en tu espíritu. Somos bendecidos cuando tú recibes nuestra bendición de intimidad.

SALMO 119:10; ISAÍAS 26:9; SALMO 63:1

✦ ORACIÓN ✦

Mi alma suspira por ti. Así como David lo hizo. No estaré satisfecho por nada que sea menos que tu presencia. Acércame a tu presencia y muéstrame tu gloria. Dame una capacidad mayor de revelación acerca de quién eres, y buscaré más de ti.

6 de octubre

CUIDADO CON LAS ZORRAS PEQUEÑAS

*J*ESÚS, TU AMADO, está vigilándote con ojos de amor. Esta es su advertencia: Son las pequeñas zorras las que echan a perder las viñas en cierne de amor. Vigila esas pequeñas zorras: las ofensas y acusaciones que el enemigo trae contra Él cuando estás atravesando por pruebas, los pensamientos erróneos que distraen tu mirada de su corazón, las palabras ociosas que bloquean la fe. Vigila las zorras pequeñas que se comen tu intimidad con Él.

CANTAR DE LOS CANTARES 2:4;
CANTAR DE LOS CANTARES 2:15; HEBREOS 11:6

✦ ORACIÓN ✦

Jesús es mi estrella resplandeciente de la mañana, el Alfa y la Omega, el Príncipe de Paz, mi amado. Por favor, ayúdame a sacar del jardín de mi corazón las pequeñas zorras que obstruyen mi capacidad para recibir tu amor. Ayúdame a arrancar la mala yerba de mi jardín.

LOS PLANES DE DIOS
PARA TI SON BUENOS

Quiero que recibas esta verdad: Jesús te ha bendecido con toda bendición espiritual. Él te escogió desde antes de la creación del mundo para ser santo y sin mancha delante de Él. Te predestinó para ser adoptado en nuestra familia, porque Él te ama. Eres redimido, reconciliado, perdonado y amado. ¡Piensa en lo que significa cada palabra!

Jesús está preparando un lugar para ti donde puedas conocerlo a plenitud. Aún ahora, estoy transformándote a su hermosa imagen, preparándote para ese día. Quiero que entiendas quién es Jesús y quién eres tú, y que conozcas todas las buenas intenciones de su voluntad. Sus planes para ti son buenos. Descansa en Él.

EFESIOS 1:3-6; JUAN 14:2-3; SALMO 62:5

⇢ ORACIÓN ⇠

*Recibo esta verdad, ayúdame a recibirla
plenamente. Sé quién soy en Cristo, ayúdame a conocer más profundamente. Mientras dispongo mi corazón para meditar
en tu Palabra, renueva mi mente y muéstrame el camino a tu descanso tranquilo.*

¿PONDRÍAS TU VIDA PARA
ESTAR CERCA DE JESÚS?

Jesús puso su vida para estar a tu lado para siempre. ¿Pondrías tu vida para estar con Él cada momento? Jesús dijo que aquellos que querían ser sus discípulos debían negarse a sí mismos, tomar su cruz, e ir en pos de Él. Él dijo que cualquiera que amara su vida la perdería, y quien aborreciera su vida en este mundo tendría la vida eterna.

Jesús declaró que no hay mayor amor que poner su vida por un amigo. Él te llamó "amigo". ¿Pondrías tu vida para estar cerca de Él ahora?

ROMANOS 12:1; JUAN 12:25; LUCAS 9:23;
JUAN 15:13-15

→ ORACIÓN ←

Sí, pondré mi vida. Al igual que Pablo, me considero crucificado con Cristo, y ya no vivo yo, mas Cristo vive en mí. Ayúdame a rendirme a tu perfecta voluntad en todas las cosas para que pueda glorificar a Aquel que me ama.

NO TE QUEDES EN LOS ERRORES DEL PASADO

*N*O HAY NADA que puedas hacer acerca del pasado. No hay una sola persona viva que no haya cometido errores. Sin embargo, es bueno aprender acerca de las pobres decisiones que has hecho, pero no es bueno quedarte en ellas hasta el punto de sentir culpa, resentimiento y condenación. Tú aprendes, en parte, de tus errores.

Ora por aquellos que has herido en tus malos pasos, y suelta tu preocupación por ellos. Arrepiéntete de las ofensas que se acumularon en tu corazón. Déjalas ir. Comprométete a caminar cautelosamente ante mí. Perdónate y muévete hacia adelante. Tú no eres el único que ha cometido errores graves. Pero, ¿por qué continuar pagando un precio para siempre? Arrepiéntete y déjalo ir.

1 JUAN 1:9; ISAÍAS 43:25; SALMO 103:12

→ ORACIÓN ←

Le he permitido al diablo darme una paliza acerca de mis deficiencias por mucho tiempo, pero no más. Decido recibir tu perdón y caminar en él. Decido creer que tú has removido mis transgresiones y que no las recuerdas más.

CAMBIA LO QUE NO TE GUSTA EN TU VIDA

Si no eres feliz con tu vida, cámbiala. Tienes la autoridad de cambiar lo que no te gusta. Puedes cambiar tus rutinas, agendas, hábitos, relaciones, actitudes, actividades, y cualquier otra cosa que no se ajuste con tus metas, sueños y propósito.

La frustración que sientes no se va a ir, a menos que cambies algo, ya sea la misma fuente de la frustración, la perspectiva en que miras las cosas, o tu actitud en relación a ello. Yo estoy aquí, listo para ayudarte a alinear las cosas. Pero, tú tienes que tomar la decisión.

PROVERBIOS 19:21; PROVERBIOS 16:9;
SALMO 54:4; HEBREOS 4:16

→ ORACIÓN ←

*Me arrepiento de mis quejas, porque tu Palabra
dice que debo dar gracias en todas las cosas y no
quejarme. Ayúdame a establecer prioridades en
mi vida de tal modo que te complazca. Ordena
mis pasos en el camino que has ordenado para mí.
No me tornaré ni a la derecha, ni a la izquierda.*

SIEMPRE ESTOY POR TI

*S*i yo estoy por ti, ¿quién contra ti? Si yo estoy por ti, ¿qué diferencia puede hacer el que alguien esté contra ti? Yo siempre estoy contigo. Aun cuando te traigo convicción, estoy contigo. Por eso es que te traigo convicción, para atraerte a mi corazón. Y cuando carne y sangre, o principados y potestades, vienen contra ti con acusaciones, yo estaré firme por ti, a tu lado y contigo. Yo soy tu abogado. Yo siempre estoy en el lado de la verdad, porque yo *soy* el Espíritu de verdad. Nadie puede luchar contra mi verdad.

Romanos 8:31; Hebreos 13:6; Salmo 27:1-3

→ ORACIÓN ←

Gracias por siempre estar de mi lado y a mi lado. Tu verdad es un escudo y caminaré en él. Por favor, ayúdame a recordar que tú eres una ayuda presente en tiempos de necesidad para que me vuelva a ti y no me apoye en mi propia prudencia.

12 de octubre

ESPERA COSAS BUENAS TODOS LOS DÍAS

OMIENZA POR MIRAR las evidencias de mi amor por ti. Comienza por mirar mis bendiciones en tu vida. Comienza a mirar mis movimientos detrás del escenario. Yo siempre te estoy amando. Quiero que reconozcas y recibas mi amor. Quiero que vivas consciente y agradecido, para que puedas compartir mi bondad con otros que no me conocen como tú me conoces. Quiero que esperes cosas buenas todos los días y que declares mi voluntad sobre tu vida. Comienza a mirar, y verás una nueva dimensión de mi presencia en tu vida.

NÚMEROS 6:24-26; SANTIAGO 1:17;
FILIPENSES 4:19

✦ ORACIÓN ✦

*Sé que tú me bendices más de lo que yo puedo
percibir. Ayúdame a no pasar por alto tus bendiciones, tus dones, tu amor, tu gracia, tu unción y tu presencia. Ayúdame a atraparte
en el acto cuando me estás bendiciendo para
que pueda darte las gracias con regocijo.*

TÚ SABES LO QUE ES CORRECTO HACER

*A*LGUNAS VECES, la razón por la que es difícil tomar una decisión no es porque la decisión en sí misma sea difícil. Es porque tomar la decisión es lo difícil. Algunas veces, te veo estancado porque no quieres herir a nadie. Ese es el corazón correcto, pero sígueme a mí y coloca a la gente en cuestión en mis manos. Obedéceme.

A veces, el miedo a lo desconocido te detiene. Sígueme. Obedéceme. Tú estás en mis manos. Tú sabes lo que es correcto hacer. Discernir lo correcto de lo incorrecto es sencillo. Moverse hacia adelante es lo que parece ser difícil, pero recuerda que estoy contigo. Yo te ayudaré.

SANTIAGO 2:14-16; ISAÍAS 41:10; HEBREOS 5:14

⤍ ORACIÓN ⤎

Obedecerte requiere acción, porque la fe sin obras es muerta. Dame las fuerzas y la valentía para seguirte a través de las decisiones difíciles, especialmente cuando son cercanas a mí. Quiero complacerte a ti, más de lo que quiero complacer a la gente.

LA HUMILDAD NO PELEA
POR SUS DERECHOS

*N*O BUSQUES PROTEGERTE a ti mismo. El Padre es tu protector. El amor no busca lo suyo. Sé que es difícil no alzar la voz o actuar cuando la gente pisotea tus derechos. La humildad no pelea por sus derechos.

Toma el ejemplo de Jesús, quien sacrificó todas las cosas que le pertenecían por tu bien. El Padre lo vindicó y lo bendijo con más de lo que Él dio. El Padre te vindicará de la misma manera, pero tiene que ser a su modo. Busca el camino de la humildad y encontrarás lo que andas buscando.

SALMO 121:7; FILIPENSES 2:8; ISAÍAS 54:17

→ ORACIÓN ←

Espíritu Santo, dame la gracia de la humildad. Decido rendir mis derechos y humillarme como Cristo lo hizo. Sé que si me humillo, tú me exaltarás sobre mis enemigos. Dame un espíritu paciente para que yo espere tu vindicación en paz.

CAMINAR EN EL TIEMPO DE DIOS

Esperar en el Señor es casi un arte perdido en esta generación de gratificación instantánea. La cultura ha engañado a muchas personas a perseguir el objeto brillante que capture su atención, a cualquier precio. Pero en cuanto a ti, espera en mí. Espera hasta que yo te muestre cómo moverte y a quién llevar contigo. Sé distinto, como uno que anda en el tiempo del Padre, sin quedarte atrás pero sin apresurarte. Encontrarás mayor paz, mayor unción y un mayor éxito si esperas en nosotros para mostrarte el quién, qué, cuándo, dónde, por qué y cómo.

ROMANOS 8:25; SALMO 37:7-9; ROMANOS 5:1-4

→ ORACIÓN ←

Yo no quiero ser impaciente. Ayúdame a manifestar el fruto de la paciencia en mi vida, para que pueda ser un ejemplo para los demás que están viendo, mientras espero las promesas del Padre y camino por las pruebas de fuego. Me comprometo a esperar en ti en cada temporada.

FUISTE CREADO PARA AMAR

FUISTE CREADO PARA amar, ¡así que ama! Fuiste creado para amarme, así que ámame. Rechaza todo lo que obstruye el amor. Rechaza todo lo que obstruye tu corazón de amar. Bebe de mi amor, que es mejor que el vino. Recibe el amor que estoy derramando sobre ti, y luego viértelo sobre otros.

Hay amor más que suficiente para todos. Sé liberal con tu amor. Sé pródigo con tu amor, sé extravagante con tu amor. Y recuerda que comienza conmigo. Tú nos amas, porque nosotros te amamos a ti primero.

CANTAR DE LOS CANTARES 1:2;
JUAN 13:34; 1 JUAN 4:19

→ ORACIÓN ←

Gracias por tu amor. Enséñame a amar mejor, cómo amarte a ti mejor, cómo amarme a mí mejor y cómo amar a otros mejor. Quiero amar de la manera que tú lo haces. Ayúdame a caminar en amor, hablar la verdad en amor, y tener pensamientos de amor.

PIDE Y SIGUE PIDIENDO

CUANDO LE PIDES al Padre por lo que Él ya desea darte, Él se complace. Hay algunas respuestas a la oración que Él está reservando para el momento correcto. Pero hay otras respuestas que Él desea darte ahora, en este momento: Pídele por una mayor revelación de su corazón; pídele que te muestre su misericordia; y pídele compartir su sabiduría. Estas revelaciones te pertenecen y son tuyas si las pides. Así que, pide y sigue pidiendo, porque la fuente de su revelación nunca se quedará seca.

MATEO 6:8; 1 JUAN 5:14; MATEO 7:7-8

✦ ORACIÓN ✦

*Sí, quiero mayores revelaciones del corazón
de amor del Padre para mí, y su misericordia, su sabiduría, su gracia, su fuerza, su
Hijo y su gloria. Me comprometo a pedir
estas revelaciones y esperar en tu respuesta.*

18 de octubre

RESPONDE CON EL ESPÍRITU CORRECTO

*E*L CELO ES nocivo y hace que las personas se comporten con amargura hacia ti. Caín estaba celoso de Abel y lo asesinó. Así que no te sorprendas cuando personas celosas tratan de asesinar tu reputación con el poder de la muerte en sus lenguas. Los celos hacen a un hombre furioso y vengativo. La envidia hace que los huesos se pudran.

¿Quién puede enfrentar la envidia? Muchas veces, cuando la gente viene contra ti, se ha entregado a esta obra de la carne. Pero tú responde con amabilidad y gentileza. No permitas que un espíritu incorrecto provoque en ti una reacción equivocada.

SALMO 6:4; GÉNESIS 4:8;
PROVERBIOS 27:4: GÁLATAS 5:19-21

↝ ORACIÓN ↜

Me pongo de acuerdo a tu Palabra, y me comprometo a moverme en un espíritu opuesto cuando gente envidiosa y celosa venga contra mí. Lo único que pido es que me des la gracia para mostrar compasión y misericordia frente a los que tratan de hacerme daño.

Combate la presión con la paz de Dios

*L*A presión vendrá. El mundo trae presión demoniaca que busca abrumar tu alma. Quiero enseñarte a reconocer esta estrategia, y que te resistas a moverte en las emociones negativas que produce.

La presión puede venir de la gente. La presión puede venir de las circunstancias. La presión puede venir de fuerzas espirituales. No la recibas. Resístela. Elévate por encima de eso. En cambio, camina en la gracia y paz que reside en tu espíritu. Sí, combate la presión del mundo y del enemigo con la paz de Cristo que sobrepasa todo entendimiento. Ella guardará tu corazón y alma.

Proverbios 24:10; 2 Corintios 2:11;
Santiago 4:7

→ Oración ←

*Enséñame, por favor. Enséñame cómo evitar
el sentimiento de estar abrumado y abrazar
tu paz en medio de la presión. Ayúdame
a no ceder ante la presión de las personas,
las circunstancias o los enemigos espirituales, sino a elegir el camino de la paz.*

20 de octubre

MIRA A JESÚS COMO REALMENTE ES

SOLO MIRA A Jesús. Medita en Él y en quién es Él. No mires a la derecha ni a la izquierda. Mantén tus ojos en ángulo recto en Jesús, tu Novio, tu Rey, tu Salvador, tu estrella resplandeciente de la mañana, tu lirio de los valles, tu rosa de Sarón, el que levanta tu cabeza y el amante de tu alma, tu sanador, tu libertador, el vengador, tu todo. Jesús es todo lo que tú necesitas y tiene todo lo que necesitas. Él venció la muerte por ti. Medita en su gloria. Tu mente se renovará.

JUAN 3:29; SALMO 3:3; SALMO 18:2

✦ ORACIÓN ✦

La vida viene con muchas distracciones y preocupaciones legítimas que demandan mi atención. Aunque tú tienes las respuestas para cada problema que yo enfrentaré. Ayúdame a meditar en ti y en tu Palabra en lugar de ofuscarme con la distracción y la preocupación.

TÚ ERES QUIEN JESÚS DICE QUE ERES

*T*ú no eres lo que tus enemigos dicen que eres. Tú no eres lo que el mundo dice que eres. Tú no eres ni siquiera lo que tus amigos y familiares dicen que eres. Tú eres quien Jesús dice que eres. Tú eres completo en Él. Tú eres santo y sin mancha delante de Él.

Tú reinas como un rey en la vida. Tú puedes hacer todas las cosas que Él te ha llamado a hacer. Fuiste creado para buenas obras. Eres bendecido, justificado y vivo en Él. Tú eres un ganador, más que un vencedor. Tú eres su embajador en la tierra. Y un coheredero juntamente con Él. Créelo.

COLOSENSES 2:10; EFESIOS 1:2-4; ROMANOS 5:17

✦ ORACIÓN ✦

Yo creo lo que la Palabra dice acerca de mí, pero mis acciones no siempre están alineadas a lo que yo digo que creo. Necesito que me ayudes a deshacerme de las ideas erróneas acerca de mí, no importa de dónde éstas provengan. Por favor, ayúdame a verme a mí mismo como tú me ves.

PIENSA EN LAS COSAS QUE LE CONCIERNEN A DIOS

DEJA DE PENSAR en las cosas que te conciernen a ti, los retos, problemas, errores, y comienza a pensar en las cosas que le conciernen a Cristo y su reino. Te garantizo que cuando quites tu enfoque de ti y lo pongas en Él, Él tornará su atención a aquellas cosas que te preocupan a ti. Él te tiene cubierto. Él tiene tus retos y problemas ya resueltos, y está obrando en todos ellos para tu mejoramiento, mientras tú te mantienes en oración. Así que, preocúpate solo de una cosa, seguirlo a Él totalmente, y confiar en que Él tiene cuidado de lo que a ti te importa. Él no te desamparará.

HEBREOS 13:6; ROMANOS 8:28; SALMO 121:3

→ ORACIÓN ←

Yo no quiero ser egoísta. Quiero ser desinteresado. Estoy determinado a no enfocarme en mí sino en ti, y ayudar a la gente a conocer a Aquel que les ama. ¿Podrías ayudarme a mantenerme centrado en ti y no en mí mismo?

NO TE OFENDAS CUANDO LA GENTE NO TE APRECIE

Está mal cuando la gente no dice "gracias" por los regalos que tú les das y el tiempo que pasas orando por ellos. No dejes que eso te ofenda. Cuando tú das, das como para el Señor, no esperando nada a cambio, ni siquiera un "gracias". El Padre ve tu corazón y te pagará por el bien que Él te llamó a hacer. Mucha gente en este tiempo es ingrata. Pero eso no es nada nuevo. Aun en los tiempos bíblicos solo uno de los diez leprosos sanados regresó donde Jesús para darle las gracias. Si la gente no lo apreció a Él, no te sorprendas cuando no te aprecien a ti. Pero yo te aprecio. Que eso sea suficiente para ti.

Proverbios 19:11; Efesios 6:7; Lucas 17:11-19

⟶ Oración ⟵

A veces me siento como si no fuera valorado,
pero yo se que tú ves y aprecias las cosas que
hago. Recuérdame que no hago las cosas como
para los hombres para ganar su aprobación,
pero como para Dios para complacerte. Permite
que mi corazón esté contento con esta meta.

DESEO QUE EXPERIMENTES UN NIVEL MÁS PROFUNDO DE MI AMOR

NO TIENES IDEA de cuánto realmente te amo. Deseo que experimentes un nivel más profundo de mi amor. Deseo que pruebes y veas la bondad del Padre y entiendas su corazón de amor por ti. Quiero que sientas el peso de la pasión de Cristo por ti y recibas un viento fresco de su amor. Quiero que seas sobrecogido por nuestro amor, perdido profundamente en nuestro amor, y que tengas una nueva revelación de nuestro corazón. Quédate conmigo un poco más de tiempo esta mañana y encuéntrate conmigo otra vez esta noche. Te amamos.

JUAN 3:16; ROMANOS 5:8; GÁLATAS 2:20

✦ ORACIÓN ✦

Todavía no he rasguñado la superficie de tu
amor. Ayúdame a cavar hondo. Ayúdame
a profundizar dentro de tu corazón. Permí-
teme comprender la anchura y longitud, la
profundidad y altura de tu amor por mí.

TUS PRUEBAS SON SOLO TEMPORERAS

 E ASEGURO QUE las pruebas que enfrentas son solo temporeras. Ellas pasarán. Trata de recordar esto: la prueba de tu fe produce paciencia y muchos otros buenos frutos, cuando tú comprometes tu corazón a obedecer mi Espíritu y mi Palabra. Ciñe los lomos de tu mente y derriba esas vanas imaginaciones. El Padre está en control, y Él no te permitirá más de lo que tú puedas soportar. Él te ha fortalecido para cualquiera y cada una de las pruebas que tengas que enfrentar. Él nunca te dejará ni te abandonará. Descansa en mí. Yo te traeré a un mejor lugar. Solo cree.

SANTIAGO 1:2-3; HEBREOS 10:35-36;
2 CORINTIOS 12:9

→ ORACIÓN ←

Fortaléceme en mi hombre interior para que pueda atravesar las pruebas y las tribulaciones que aparezcan en mi camino en este mundo, y no solo a soportarlas sino también a regocijarme en ellas. Cambia mi perspectiva sobre las pruebas y las tribulaciones de modo que responda de acuerdo a tu Palabra.

26 de octubre

DÉJAME HACERLO A MI MANERA

Si tú dejas que se haga a mi manera, ultimadamente tendrás la tuya. Puede que no sea lo que has retratado en tu propia mente en este momento, pero te aseguro que si rindes a mí todas tus decisiones, recibirás lo que está en la mente de Cristo y en el corazón del Padre. El Padre pone sus deseos en tu corazón y luego los cumple. ¡Y yo conozco el camino para la manifestación de tus deseos! Déjame hacerlo a mi manera y ultimadamente tendrás la tuya.

Mateo 6:9-13; Efesios 5:17; 1 Pedro 3:17

→ ORACIÓN ←

¡Haz como tú quieras en mi vida! ¡Haz como tú quieras en mi familia! ¡Haz tú quieras en mi ciudad! Yo someto mi voluntad a tu voluntad en todas las cosas y te pido que me muestres cómo caminar en tu voluntad en todo tiempo. Declaro que tú eres el Señor sobre todas las áreas de mi vida.

YO AMO CUANDO ORO CONTIGO

*Y*o AMO CUANDO colaboro contigo en la oración. Yo amo cuando hago intercesión por ti. Yo amo cuando clamo oraciones perfectas al Padre en relación a ti sabiendo que te regocijarás cuando veas las respuestas llover del cielo. Me emociona. Yo amo cuando tus oídos están prestos para oír la voluntad de mi corazón, y la declaras en oración a través del ámbito natural. Yo amo cuando veo que tus oraciones dirigidas por el Espíritu hacen la voluntad del Padre en la tierra así como en el cielo. ¿Te gustaría colaborar conmigo en oración ahora mismo? Juntos podemos hacer historia.

ROMANOS 8:26-27; EFESIOS 6:18; JUDAS 20

→ ORACIÓN ←

Tú me inspiras a orar. Tú me ayudas a orar. Tú me enseñas a orar. Estoy agradecido que tú clamas oraciones perfectas a mi favor. ¿Derramarías un espíritu de oración en mi corazón para que yo esté comprometido a orar contigo cada vez más?

28 de octubre

JESÚS MURIÓ PARA QUE TÚ PUEDAS VIVIR

RECUERDA ESTO HOY: Jesús murió para que tú puedas vivir. Él fue crucificado para poder vivir en y a través de ti para traer más almas perdidas a su reino. Recuerda lo que Pablo le dijo a la iglesia de Galacia. Él tuvo la revelación de que fue crucificado con Cristo y que su vida ya no le pertenecía. Él entendió que Cristo vivía en él y que vivía su vida por la fe en el hijo de Dios, quien lo amó, murió por él, y resucitó por él. Ten la misma mente y camina en esta verdad.

GÁLATAS 2:20; 1 CORINTIOS 1:23;
1 CORINTIOS 15:3-4

✦ ORACIÓN ✦

Yo deseo la revelación que Pablo tuvo acerca del Cristo crucificado, y del Cristo resucitado. Quiero rendirme completamente a Él y vivir mi vida para su gloria. Dame la gracia para abrazar la obra de la Cruz y llevar mi propia cruz mientras decido morir a diario.

CAMINEMOS JUNTOS A TRAVÉS DEL DÍA

*H*ABRÁ MUCHA GENTE y cosas compitiendo por tu atención hoy. Algunas de esas personas y cosas tratarán de sacarte de mi corazón, para distraerte de mi presencia. Algunos de ellos te tentarán a responder en una forma que no glorifica a Dios. Tú no tienes que ceder.

Según avanza el día, acuérdate de cuánto te amo. Pregúntame qué pienso sobre las situaciones que surgen. Pídeme la ayuda para vencer retos. Caminemos juntos a través del día. ¡Será maravilloso!

MATEO 26:41; 2 TIMOTEO 2:22; 1 PEDRO 2:11

→ ORACIÓN ←

*Sé que no estoy luchando contra carne y
sangre, pero el enemigo usará a personas y
circunstancias para tentarme a caminar en
la carne en lugar de seguir tu Espíritu. Por
favor, ayúdame a no caer en las trampas del
enemigo. Ayúdame a seguir tu dirección.*

30 de octubre

ESCOGE LA PERSPECTIVA CORRECTA

*T*Ú PUEDES ESCOGER tu perspectiva. Tu experiencia de vida ha hecho que tu mente natural tenga una perspectiva. Pero tú tienes la mente de Cristo y la Palabra de Dios. Ellos te ofrecen nuestra perspectiva para las situaciones de la vida. El enemigo tratará de venderte su perspectiva en eventos que se desarrollan en tu vida. No compres sus malas visiones. Mejor escoge voluntariamente mirar la vida a través del lente de la Palabra y a través de los ojos de la eternidad. Serás más gozoso, sabio, fuerte y más poderoso.

1 CORINTIOS 2:16; GÁLATAS 5:1; ROMANOS 8:7-9

✦ ORACIÓN ✦

Ayúdame a guardar mi corazón diligentemente, porque lo que permito en mi corazón da forma a mi vida. Quiero que mi vida sea formada por tu Palabra y por tu Espíritu. Por favor, irrumpe en mí con tu perspectiva de las cosas cuando no estoy viendo con claridad.

VEN Y ALÍNEATE CONMIGO

$\mathcal{E}$ SCOGER ALINEAR TU corazón con el mío al comienzo de cada día es una de las decisiones sabias que puedes tomar cuando te levantas. El enemigo no descansa ni pierde tiempo parloteando a tu alma sobre las ansiedades de tu vida, aun antes de que salgas de la cama en la mañana.

Alinea tu corazón y mente con mi corazón y mi mente cada mañana. Pon tus preocupaciones en Cristo según surgen y conoce que cada una de tus necesidades está cubierta. Si yo no las pienso, no te permitas a ti pensarlas.

JUAN 8:32; 1 JUAN 5:4; FILIPENSES 4:8

✦ ORACIÓN ✦

Los afanes de este mundo vienen a mi mente tan pronto me levanto. Ayúdame a reenfocar mi corazón en buscar el reino y moverme en la justicia de Cristo. Ayúdame a rechazar la preocupación y los pensamientos abrumadores que el enemigo me ofrece.

Noviembre

Como está escrito, cosas que ojo no vio, ni oído oyó,
ni han subido al corazón de hombre, son las cosas
que Dios ha preparado para aquellos que le aman.
Pero Dios nos las reveló por su Espíritu. Porque el
Espíritu todo lo escudriña, aun lo profundo de Dios.
Porque, ¿quién conoce las cosas del hombre, sino el espíritu del hombre que está en él? Así también nadie
conoce las cosas de Dios, sino el Espíritu de Dios.

—1 Corintios 2:9–11

YO SOY TU AYUDADOR

CUANDO TÚ ESTÁS ocupado o tienes un mal día y olvidas visitarme, yo extraño nuestro tiempo juntos. Espero por nuestra comunión. Aunque siempre estoy contigo y siempre pienso en ti y siempre intercedo por ti, espero oír tu voz diciéndome lo que hay en tu corazón y pidiéndome ayuda. Yo soy tu ayudador, y es un deleite para mí ayudarte. Recuerda, especialmente en los días ocupados y los días malos, que yo estoy ahí para ayudarte. Estoy aquí siempre para ti, y puedo tornar tus días malos en días buenos si te enfocas en mi bondad en vez del ajetreo y la maldad.

SANTIAGO 1:5-8; SALMO 27:13; SALMO 145:9

✦ ORACIÓN ✦

Tu amor toca mi corazón. Es difícil imaginar que tú me ames tanto. Recuérdame pedirte, a ti que me amas, que te deleitas en mí, a quien Jesús envió para ayudarme, por tu gracia que es todo suficiente.

2 de noviembre

TE AMO EN TU DEBILIDAD
Y EN TU FORTALEZA

*L*AS COSAS QUE te molestan a ti, no me molestan a mí, porque yo veo la solución. Veo las posibilidades de crecimiento para ti. Veo la oportunidad para ti de aprender más acerca de Cristo. Las cosas que te molestan de ti mismo, no me molestan tampoco. Yo te veo a través de la sangre de Jesús. Yo traigo convicción a tu corazón cuando te apartas de los principios de amor, cuando tropiezas en las obras de la carne. Pero no estoy aquí para condenarte, estoy aquí para guiarte a la gracia de Cristo y al perdón del Padre. Te amo en tu debilidad y en tu fortaleza.

2 CORINTIOS 5:17; EFESIOS 4:24; 2 CORINTIOS 12:8

⟶ ORACIÓN ⟵

Gracias por el regalo de la justificación en
Cristo que te permite verme sin culpa. Ayú-
dame a verme a mí mismo de la forma en que
tú me ves, para que pueda afirmarme en mi
verdadera identidad en lugar de sumirme en
la autocrítica cuando dejo de caminar en fe.

RÍNDETE A MÍ EN EL DESIERTO

CUANDO TE ENCUENTRAS en un desierto, es posible que yo te haya dirigido ahí para mostrarte algo acerca de ti. O puede ser que te hayas desviado de mi perfecto camino a un lugar de pruebas y tentaciones. Podrás discernir la razón de tu temporada cuando pares de pelearla y comiences a cedérmela a mí. Yo te mostraré lo que necesitas ver y te diré por qué estás en el desierto, si necesitas saberlo. Te aseguro que te guiaré fuera de ahí en el momento adecuado. Ríndete a mí. Aprende de mí.

HEBREOS 2:18; HEBREOS 12:11; PROVERBIOS 12:1

⟶ ORACIÓN ⟵

No me gusta estar en un lugar desierto, pero entiendo que tú tienes un propósito para cada temporada. Cuando me encuentre a mí mismo en un desierto, por favor, ayúdame a recordar tus palabras. Ayúdame a aprender rápidamente lo que estás tratando de enseñarme.

4 de noviembre

PÍDEME QUE TE MUESTRE MIS CAMINOS

O bsérvame moverme en tu vida y en la vida de otros, y comenzarás a entender mis caminos. Cuando tú aprendes mis caminos, entenderás mejor mi corazón. Cuando tú entiendas mejor mi corazón, rendirás más tu vida a mi voluntad. Mis caminos son más altos que tus caminos. Pero tú puedes aprender cómo yo me muevo y descubrir más de mí estudiando mis caminos. Pídeme que te muestre mis caminos. Yo responderé a los deseos de tu corazón con revelación.

Isaías 55:8; Salmo 18:30; Salmo 25:4

→ ORACIÓN ←

Espíritu Santo, enséñame tus caminos. Muéstrame tus caminos. Ayúdame a ver cómo te mueves en mi vida y en la vida de otros alrededor de mí. Corre la cortina y déjame ver la forma cómo te mueves en sabiduría, gracia, bondad, paciencia, misericordia y verdad.

NO TE CANSES DE HACER EL BIEN

*V*EO EL CANSANCIO de tu alma a veces. El enemigo viene para cansarte y hacer que decaigas. Pero no te canses de hacer el bien, porque cosecharás una gran recompensa si no desmayas. Todas las pruebas, las tribulaciones y los problemas son temporeros. Aun si duraran toda tu vida en esta tierra, son solo temporeras, y no durarán por el resto de tu vida. Mantén en tu mente que la eternidad te espera, y las recompensas del cielo son tuyas. Mantente firme en la fe. Mantente luchando para mantener el rumbo. Estoy aquí para ayudarte, y te garantizo que será digno.

GÁLATAS 6:9; APOCALIPSIS 2:3; HEBREOS 12:3

✦ ORACIÓN ✦

Jesús enfrentó y resistió la tentación para hacer su voluntad, aun cuando significó ir a la cruz. Estoy bien agradecido de que no se cansó de hacer el bien. Por favor, dame un corazón resistente y la unción para mantenerme firme a pesar de las dificultades que enfrente.

DIOS QUIERE QUE PIDAS POR LO QUE NECESITAS

*E*L PADRE CONOCE lo que necesitas antes de que se lo pidas. Pero Jesús te anima a que le pidas, porque la dependencia del Padre te trae más cerca de su corazón. Él es tu proveedor, y no va a retener ninguna cosa buena de ti. Ninguna persona o diablo te puede privar de recibir lo que el Padre quiere que tú tengas. Solamente tú puedes detener el fluir por no pedir o pedir con una fe fluctuante o por los motivos errados, o por rendirte. El corazón del Padre está abierto para ti. Solo cree y actúa en fe cada día.

MATEO 6:8; JUAN 14:14; SANTIAGO 4:3

→ ORACIÓN ←

No siempre pido por lo que necesito, porque pienso que puede suceder por mi cuenta. Incita mi corazón para pedir y seguir pidiendo, y ayúdame a pedir por las cosas correctas con el espíritu correcto. Quiero pedir y recibir para que mi gozo sea completo.

LA PRESIÓN TE CONFORMA A LA IMAGEN DE CRISTO

POR TIEMPOS, MIENTRAS te llevo y te guío, te sentirás constreñido, presionado, exprimido, estirado. Eso es porque has entrado a través de una puerta estrecha. Esta puerta te conduce al camino de la vida eterna, pero hay presiones a lo largo del camino para mantenerte obediente. A tu carne no le gusta esto. La presión ayuda a conformarte a la imagen de tu hermoso Salvador. A pesar de que parece ser más de lo que tú puedes resistir, la presión no te aplastará ni dañará en ninguna manera. Te moldeará y conformará a la imagen de Cristo. Te preparará para el nuevo nivel de gloria al cual te estoy llevando.

MATEO 7:13-14; ROMANOS 8:29;
2 CORINTIOS 3:18

→ ORACIÓN ←

A veces siento presiones internas y presiones externas. Ayúdame a discernir la diferencia entre la presión que viene del enemigo y la presión que me transformará de gloria en gloria. Ayúdame a cooperar con tu Espíritu.

AFÉRRATE A MÍ

Cuando sientas que todo a tu alrededor está temblando, extiende tu mano hacia mí. Toma mi mano. Yo te guiaré a la roca de salvación, a la esperanza que ancla tu alma, a la paz que sobrepasa todo entendimiento y guarda tu corazón y mente en Cristo Jesús. Aférrate a mí porque yo te estoy sosteniendo. Todo a tu alrededor puede estar sacudiéndose, pero mi justicia nunca será movida o puesta en vergüenza. Aquellas cosas que te detienen pueden soltarse, pero tú estás parado sobre tierra firme. Aférrate a mí en el temblor.

Salmo 112:6; Salmo 62:2; Proverbios 10:30

✦ ORACIÓN ✦

Estoy tan agradecido de que me hayas agarrado y no me hayas soltado. Ayúdame a no soltarme de ti cuando las pruebas de la vida sacudan mi mundo y traten de robar mi paz. Ayúdame a aferrarme firmemente.

DISFRUTO ESTAR CONTIGO

¿*S*ABES LO QUE realmente, de verdad, disfruto? Sentarme contigo. Solo envolverte con mi amor. Solo observar la paz que viene sobre ti cuando sientes mi presencia. Son esos tranquilos momentos, cuando un abismo llama a otro abismo, que yo me deleito. Durante esos momentos, la conexión entre nosotros es fuerte. Sabes que te amo y sabes que me amas sin siquiera pronunciar una palabra. Yo te disfruto.

SALMO 42:7; LAMENTACIONES 3:26; SALMO 62:5

⇥ ORACIÓN ⇤

Yo disfruto tu presencia más de lo que las palabras puedan expresar. Tú me deleitas. Ayúdame a alcanzar ese lugar donde estoy quieto, y reconocer que tú eres Dios aun cuando el ajetreo y el bullicio de este mundo me rodeen y demanden mi atención.

10 de noviembre

QUIERO DARTE MÁS

TE OBSERVO CUANDO das, das y das. Das voluntariamente en tu lugar de trabajo, a tu familia, y a tu familia de la fe, e incluso a aquellos que no son parte de tu familia de fe. Das generosamente de tu tiempo, tu dinero, y de tu corazón. Me encanta. Y deseo darte más para que des. Recibe de mí ahora la gracia para que la sigas dando. En la medida en que des motivado por amor, tendrás más para compartir con otros.

2 CORINTIOS 9:7; GÁLATAS 6:10; LUCAS 6:38

✦ ORACIÓN ✦

*Yo sé que tú amas al dador alegre, y yo amo
el dar alegremente. Gracias por darme semilla para sembrar. Por favor, dame más
y más para poder alcanzar a más gente
con tu amor, tu gracia y tu provisión.*

ENFÓCATE EN LO QUE TE HE LLAMADO A HACER

*T*Ú ERES UNA vasija de honra. El Padre te creó de esa manera. No mires lo que otros pueden o no pueden hacer. No te molestes por lo que ellos hacen o no hacen. No te frustres cuando aquellos a tu alrededor no están viviendo su potencial en Cristo, aun cuando eso signifique que tengas que hacer lo que a ellos les corresponde. Te he dado dones y habilidades que son únicos en tu llamado. Así que, enfócate en aquello que te llamé a hacer, y ora por aquellos a tu alrededor que no están comprendiendo su función como vasijas de honra.

2 Timoteo 2:21; 2 Pedro 1:10; Efesios 4:1-3

⟶ ORACIÓN ⟵

Quiero caminar como es digno de mi llamado en Cristo, con humildad y mansedumbre, compartiendo con otros en amor y trabajando en unidad y paz. ¿Podrías darme la gracia para caminar como una vasija de honra y mantenerme en oración?

Nunca te dejaré

Siempre estoy contigo. Aun cuando transitas por temporadas áridas, cuando te sientes lejos de mí, yo estoy contigo. Puede que no sientas mi presencia. Puede que no escuches mi voz. Pero sepas esto: Nunca dejaré a quien me ama. Nunca te abandonaré. Nunca te dejaré sin ayuda y solo. Siempre estoy intercediendo por ti. Sí, estoy contigo.

Cantar de los Cantares 3:1;
Juan 11:6; Salmo 22:2

✦ Oración ✦

Gracias por animar mi corazón con el conocimiento de tu presencia, incluso cuando parece que tu silencio es ensordecedor. Por favor, ayúdame a examinar mi corazón, muéstrame si en mí hay alguna ofensa, y guíame en el camino eterno.

No RETROCEDAS DE LA GUERRA

*T*ú ESTÁS EN una guerra. Pero la guerra de la fe es buena. No retrocedas de la guerra No dudes del poder que respalda tu fe. No importa cómo los principados y potestades y otras fuerzas de maldad te asalten, tú permaneces siendo más que vencedor en Cristo, quien te ama. Y recuerda esto: El Señor es un guerrero. Jehová es su nombre. Y tú eres su martillo de guerra. Así que, alístate para la batalla porque estás en una guerra espiritual. Tuya es la victoria. Todo lo que tienes que hacer es imponerla.

1 Timoteo 6:12; Romanos 8:37; Éxodo 15:3;
Jeremías 51:20

✦ Oración ✦

Voy a estar de pie y pelearé la buena batalla de la fe seguro de que ganaré. Dame una mayor revelación del poder que tengo en el nombre de Jesús. Abre mis ojos y muéstrame las huestes celestiales que están peleando conmigo. Dame la fuerza para levantarme y resistir.

Tu amor por nosotros emociona nuestro corazón

*Y*o sé que me amas. Y eso emociona mi corazón al ver cómo tu amor por mí abunda más y más. Tú me amas porque yo te amé primero. Jesús derramó su sangre por ti, y yo derramé mi amor en tu corazón. Y aunque hayas decidido revertir ese amor hacia nosotros con sinceridad de corazón, eso nos obliga a hacer un gran intercambio que te permita recibir más a medida que das más. Sabemos que nos amas. Tu amor emociona nuestro corazón.

Juan 14:21; 1 Juan 5:3; Juan 5:10

⤞ Oración ⤝

Yo te amo, te amo de la mejor manera que puedo.
¿Me ayudarías a amarte más? Quiero amarte con
un amor perfecto, la clase de amor que tú tienes
por mí. Yo sé que mi carne y mi voluntad se in-
terponen en el camino, pero estoy comprometido
a aprender a amarte más. Por favor, ayúdame.

NO TE PREOCUPES POR EL MAÑANA

*T*Ú VAS A ESTAR bien. Sé que algunas veces te pones ansioso acerca de lo que te depara el futuro. Pero tú no tienes de qué preocuparte, porque el Padre tiene tu futuro en sus manos, y sus pensamientos para contigo son buenos. Ten la seguridad de que Él planea prosperarte y no dañarte. Él planea darte una esperanza y un futuro en su reino que va más allá de lo que puedas ser capaz de soñar. Así que, no te preocupes acerca de mañana. Nuestra gracia es suficiente.

JEREMÍAS 29:11; PROVERBIOS 12:25;
JEREMÍAS 17:7-8

✦ ORACIÓN ✦

Te creo. Tú eres bueno. Echo mis cargas, miedos, preocupaciones y ansiedades acerca del futuro sobre ti. Me comprometo a tener pensamientos de esperanza del futuro que tú has preparado para mí. Por favor, dame tu gracia para caminar en confianza.

EL AMOR CREE LO MEJOR

CREE LO MEJOR. Determina en tu corazón ahora mismo, pensar, creer y hablar lo mejor de cada situación y cada persona, incluyéndote a ti. He notado que con frecuencia piensas, crees y hablas lo peor cuando crees las mentiras que te susurra el enemigo. Porque cual es el pensamiento del hombre, tal es él.

La muerte y la vida están en poder de la lengua. El amor piensa, cree y habla lo mejor en todo tiempo. El amor todo lo puede, y siempre está listo para pensar, creer y hablar lo mejor. Creo lo mejor de ti.

1 Corintios 13:7; Proverbios 23:7; Salmo 19:14

⁂ ORACIÓN ⁂

*Estoy de acuerdo con tu consejo para pensar, creer
y hablar lo mejor. Tu sabiduría me ayudará a
apagar los dardos de fuego del maligno contra mi
alma. Por favor, cubre mi corazón con tu amor
nuevamente para que yo camine es esta verdad.*

Determina hacer la voluntad de Dios

*T*Ú PUEDES HACER cualquier cosa que te propongas. Pero será mejor si haces lo que yo me he propuesto que hagas. No sigas tu propia sabiduría. Puede llevarte solo hasta cierto punto. La sabiduría humana separada de mí es a menudo errónea. Depende de mí sabiduría, y andarás en caminos de paz. Establece tu corazón para seguir mi corazón.

Yo conozco la mente del Padre. Él te ama y tiene un buen plan para ti. Así que sé determinado, pero determina hacer la voluntad del Padre en lugar de la tuya, y siempre estarás complacido con el resultado.

1 Corintios 8:2; Efesios 5:15-17; Santiago 4:15

⟶ Oración ⟵

No quiero ser sabio en mi propia opinión, así que establezco mi corazón para seguirte, aun cuando parezca que voy en sentido contrario. Dame oídos para escuchar tu sabiduría y conocer tu voluntad para caminar en ellas toda mi vida.

18 de noviembre

El Padre es tu proveedor

*E*l Padre puede suplir todas tus necesidades conforme a sus riquezas en gloria en Cristo Jesús. Tu salvación provee para todas tus necesidades, incluyendo la prosperidad. Tu parte es buscar el reino de Dios y su justicia. Todo lo demás que necesitas se te proporcionará mientras mantienes tus manos en el arado, en la asignación que te he dado. Rechaza el miedo sobre la provisión financiera. Rechaza la mentalidad de pobreza y recibe palabras de vida sobre tus finanzas. El Padre es Dios de más que suficiente y Él es capaz de tener cuidado de ti.

Filipenses 4:19; Mateo 6:33; Salmo 50:10

→ Oración ←

El Padre sabe darme buenas dádivas, Él es el dueño de los millares de animales en los collados. Estoy agradecido de que Él es un buen Padre. Ayúdame a entender los principios financieros de tu reino, la siembra y la cosecha, para que pueda caminar en la prosperidad que Cristo me ha ofrecido.

MI AMOR EN TI TE MUESTRA QUE ERES DISCÍPULO DE CRISTO

RATAR A OTROS como te gustaría que te trataran no es tarea difícil, si de verdad me amas de la manera que yo te amo. Así que, tómate unos minutos cada mañana para recibir mi amor y permitir que mi amor cubra tu corazón una y otra vez, de manera que puedas verterlo en otros. La gente sabrá que eres un discípulo de Jesús por el amor que tengas hacia ellos. Así que, permíteme amar por ti, y ámame, ámate y ama a otros hoy. El Padre se regocija sobre ti con cánticos.

LUCAS 6:31; JUAN 13:34-35; SOFONÍAS 3:17

→ ORACIÓN ←

Quiero que la gente me reconozca como dis-cípulo de Jesús, y eso significa caminar en amor aun cuando la gente no camine en amor conmigo. Recuérdame hacer un alto cada mañana para recibir tu amor antes de en-trar en contacto con este mundo sin amor.

TÚ ERES NUESTRO TESORO

¿*N*O SABÍAS QUE eres la niña de los ojos de Dios? ¿No entiendes que eres el amado de Cristo? ¿No percibes que yo moro en ti todo el día, cada día y siempre? Eres una joya de valor incalculable, un tesoro que yo sostengo cerca de mi corazón, una posesión preciada que no quiero soltar. El Padre dio a Jesús en rescate, Cristo te compró con su sangre, y te ha sellado. Nosotros no te soltaremos. No te apartes. Mantén tu corazón firmemente unido al nuestro. Te amamos.

ZACARÍAS 2:8; SALMO 17:8;
DEUTERONOMIO 32:10

→ ORACIÓN ←

*Tus palabras conmueven mi corazón. Estoy so-
brecogido por tu amor. Ayúdame a mantener
mi corazón firmemente fijo en ti. Recuérdame
el amor del Padre por mí cuando siento la
tensión del diario vivir. Revélame el corazón
de Cristo para conmigo, y me regocijaré.*

FORTALÉCETE EN MÍ

*A*NÍMATE HOY. PERMÍTEME animar tu corazón. Lo que es difícil para ti, no es difícil para mí. Apóyate en mi gracia, y serás empoderado con todo lo que necesitas. Tú ya estás equipado para enfrentar todo desafío que se te presente en la vida. Eres un vencedor. Yo habito en tu espíritu, y soy más grande que todo enemigo que venga en tu contra. Conoce esto y haz lo que David hizo: Se fortaleció en mí. Yo estoy contigo.

1 SAMUEL 30:6; SALMO 23; PROVERBIOS 30:5

✦ ORACIÓN ✦

Nada es demasiado fuerte para ti, y cuando me mantengo enfocado en tu Palabra, tu voluntad y tu amor, nada es demasiado fuerte para mí. Cuando el enemigo se levante contra mí como un río, incita mi corazón para fortalecerme en ti y en tu Palabra.

AFÍRMATE PARA QUE TE PREPARES

*A*SÍ COMO LE di a Bezaleel la sabiduría, la inteligencia y la ciencia para trabajar en el arca del pacto, así mismo te he dado la destreza, la habilidad y el conocimiento para hacer todo lo que te he llamado a hacer. Pero todavía necesitas perfeccionar tus destrezas, ejercitar tus habilidades, y aumentar tu conocimiento, si quieres continuar haciendo la diferencia en tu esfera de influencia. No seas complaciente en esta hora. Afírmate, porque yo tengo nuevas asignaciones para ti. Afírmate para que te prepares. Te necesito.

ÉXODO 35:30-35; 2 TIMOTEO 2:15; 1 PEDRO 3:15

⟶ ORACIÓN ⟵

Le doy la bienvenida a cualquier oportunidad de servirte. Por favor, ayúdame a trazar correctamente la Palabra de verdad y ser un ministro competente de tu evangelio en mi esfera de influencia. Ayúdame a utilizar los dones y talentos que me has dado para hacer una diferencia eterna.

YO NO RETENGO LOS
PECADOS EN TU CONTRA

*¿N*o le di a Sansón la fuerza para vencer a mis enemigos, aun cuando él se apartó de mi corazón? Cuando pecas, eso me aflige por un momento, pero cuando tornas tu corazón a mí en arrepentimiento, me regocijo. Yo no retengo los pecados en tu contra, y no retiraré de ti el poder, los dones, o ninguna otra cosa que necesites para derrotar a los enemigos que te rodean para hacerte caer. Yo estoy a tu lado. Yo estoy siempre de tu parte. Así que, hazte un favor: quédate a mi lado.

JUECES 15; ROMANOS 11:29; SALMO 118:6

→ ORACIÓN ←

¡Tú eres tan maravilloso, bondadoso, poderoso y perdonador! Por favor, recuérdame que cuando peco, tú estás presto a perdonar, y no me metes en tentación, sino que me libras del mal. Fortalece mi hombre interior para oponerme a las asechanzas del maligno, y así te pueda complacer.

TE DARÉ LAS INSTRUCCIONES

*Y*o TENGO EL diseño. Yo tengo los planos. Yo tengo las llaves. Yo tengo el patrón. Así como le di instrucciones a David de cómo edificar el templo, y así como le di instrucciones a Moisés de cómo edificar el arca del pacto, y así como le di a Noé instrucciones de cómo edificar el arca que salvó la civilización, así también te daré instrucciones de cómo edificar todas las cosas que te he llamado a edificar. Te compartiré el diseño, los planos, las llaves y el patrón. Pregúntame por mis instrucciones, y te mostraré los planes del Padre en su tiempo.

PROVERBIOS 19:20; PROVERBIOS 4:13; SALMO 32:8

→ ORACIÓN ←

Tú eres fiel compartiendo tus planes con tu pueblo, así que esperaré en ti para ver los planes que tienes en mi futuro, para enseñarme el camino que debo andar. Por favor, ayúdame a mantenerme sujeto a tus instrucciones para que pueda ser exitoso en todo lo que quieres que yo haga.

REGRESA A MÍ

*Y*o soy el único que realmente puede satisfacer tu corazón. Así que, cuando comienzas a sentirte descontento en tu espíritu y alma, regresa a mí. Regresa a mi corazón. Ven y ten comunión conmigo por un rato. Yo estoy siempre presto y disponible para satisfacer tu hambre espiritual con mi verdad. Estoy esperando y viendo cuando volteas tu cabeza en mi dirección para llenarte. Siempre espero oír tu voz clamando a mí por una respuesta. No esperes a sentirte insatisfecho y descontento para visitarme. Ven diariamente a mi pozo de ánimo y amor.

Mateo 5:6; Efesios 5:18; Hebreos 13:5

→ ORACIÓN ←

Estoy clamando a ti ahora. Estoy hambriento y sediento por más de ti. Acércate y lléname de nuevo con tu Espíritu. Estoy aquí con un corazón abierto para recibir tu ánimo y tu amor. Te necesito más.

YO DOY GRACIA A LOS HUMILDES

*Y*o doy gracia a los humildes. ¿Quiénes son los humildes? Los humildes son aquellos que lloran y gimen por sus pecados, y luego piden perdón. Los humildes son aquellos que claman al Padre por ayuda. Los humildes son aquellos que acuden a mi llamado de ayunar y orar. Los humildes son aquellos que humillan sus corazones, y se lamentan por los pecados de la nación, y luego se paran en la brecha por esa nación. Mi gracia es suficiente para todo cuanto necesites. Ora por gracia y recíbela con un corazón humilde. Estoy listo, si tú lo estás.

SANTIAGO 4:6; SANTIAGO 4:8-10;
2 CORINTIOS 12:9

→ ORACIÓN ←

Gracias por tu gracia. Gracias por el privilegio de estar de pie en la brecha intercediendo por gente y lugares. Confío en ti para que derrames tu gracia en mi corazón, de tal modo que camine en humildad siempre delante de ti.

RECIBE MI GRACIA QUE CUBRE TUS FALTAS Y FRACASOS

*E*N LA MEDIDA en que conoces mejor a la gente, empezarás a ver sus faltas y fracasos. Ellos te decepcionarán. Perdónalos. Te será más fácil perdonar a la gente a medida que me conoces mejor. No importa cuánto tiempo pases conmigo, no importa cuán bien me conozcas, no encontrarás faltas y fracasos en mí. Yo soy santo. Pero encontrarás gracia y amor para cubrir tus faltas y fracasos, y los de otros a tu alrededor, mientras tengas relación conmigo.

MATEO 7:1-5; EFESIOS 4:32; COLOSENSES 3:13

⁘ ORACIÓN ⁘

Sé que no soy perfecto, y no quiero juzgar a nadie. Ayúdame a evitar criticar a la gente cuando pienso que no hacen las cosas como debieran. Ayúdame a ser compasivo y bondadoso con la gente, aun cuando me traten pobremente.

28 de noviembre

PIDE POR LOS DESEOS DE TU CORAZÓN

¿Qué estás dispuesto a creerle al Padre? ¿Qué se te hace difícil creerle a Él? Yo ya sé las respuestas, pero quiero que consideres las preguntas y confrontes los enemigos de tu fe. Quiero que reconozcas las voces de la duda y el temor que vienen para robarte las promesas del Padre. Todas las promesas del Padre son en Él Sí y Amén, ellas te pertenecen en Cristo. La Palabra es verdad, y Él está dispuesto a hacer mucho más en tu vida de lo que está registrado en la Biblia. Jesús es el Señor. Comienza pidiendo los deseos de tu corazón y rehúsa inclinarte a las tácticas del enemigo que te roban la fe ahora.

Mateo 19:26; Génesis 18:14; Efesios 3:20-21

⟶ ORACIÓN ⟵

Puedo ver algunos enemigos de mi fe. Gracias por darme el poder para vencerlos, poco a poco, mientras medito en tu Palabra. Ahora te pido por aquellas cosas que no me he atrevido a pedir en el pasado. Estoy pidiéndote por los deseos de mi corazón.

QUIERO UNA RELACIÓN MÁ S PROFUNDA CONTIGO

QUIERO QUE TE acerques más. ¡Más cerca! *Todavía más cerca.* Quiero que estés tan cerca de mi corazón de modo que no solo escuches mi voz, sino también los latidos de mi corazón con una claridad inequívoca; que puedas sentir que mi amor te sobrecoge; que puedas oler mi perfume. Quiero que me conozcas del mismo modo que yo te conozco. Quiero una relación más profunda contigo. Quiero conversaciones de corazón a corazón contigo. Sé que quieres lo mismo. Te mostraré el camino. Acércate.

CANTAR DE LOS CANTARES 2:10;
JEREMÍAS 31:3; JUAN 17:22-23

→ ORACIÓN ←

*Quiero conocer tu corazón. Quiero oler tu dulce
fragancia y experimentar tu amor por mí. Enséñame como acercarme más a ti, y seguiré firme.
Muéstrame qué necesito poner a un lado para
experimentar tu presencia a otro nivel, y lo haré.*

¿TE RENDIRÁS A MÍ?

*Y*O PUEDO HACER lo imposible a través de ti si te rindes a mí. Lo que es imposible para el hombre, con Dios es posible. Estoy buscando a alguien a través del cual yo me pueda mostrar fuerte. Estoy buscando a alguien que se pare en la brecha. Estoy buscando a alguien que pueda decir: "Aquí estoy, envíame a mí". Estoy buscando a alguien que sea un testigo fiel como lo es Cristo. Estoy buscando a alguien como tú. ¿Qué me dices?

2 CRÓNICAS 16:9; ISAÍAS 6:8; APOCALIPSIS 1:4-6

→ ORACIÓN ←

Si puedes utilizar mi vida para tu gloria, entonces úsala. No me siento digno del llamado supremo que tienes para mí, pero conozco que obras a través de la gente. Equípame para hacer lo que necesitas que yo haga. Produce en mí el rendirme a tu voluntad.

Diciembre

Porque el que siembra para su carne, de la carne
segará corrupción; mas el que siembra para el
Espíritu, del Espíritu segará vida eterna. No nos
cansemos de hacer el bien; porque a su tiempo se-
garemos si no desmayamos. Así que según tengamos oportunidad, hagamos bien a todos, y
mayormente a los de la familia de la fe.

—GÁLATAS 6:8–10

ESCOGE SABIAMENTE A TUS CONSEJEROS

*S*É CAUTELOSO EN escoger aquellos a quienes les pides consejos. No todo el mundo es una caja de resonancia. Algunos santos están estropeados por ofensas y heridas que no han sido sanadas, y ellos filtran las experiencias de la vida a través de su pasado doloroso. La sabiduría que ellos ofrecen, bien intencionada, no proviene de un río de sanidad, paz y reconciliación, sino de una corriente de resentimiento, amargura y falta de perdón. Recuerda que nuestra sabiduría es primeramente pura, después pacífica y amable. Aprende a discernir la diferencia entre mis sabias palabra y las palabras de consejeros heridos.

1 REYES 12:6-19; 2 TIMOTEO 3:16-17;
SANTIAGO 3:17

→ ORACIÓN ←

¡Muchas voces intentan hablar a mi vida! Ayúdame a mantener mis labios sellados cuando estoy alrededor de aquellos que no pueden ofrecerme un consejo puro. Dame un corazón sabio y prudente, y ayúdame a oír tu voz de sabiduría en las palabras de aquellos que me dan el consejo.

2 de diciembre

APÓYATE EN MI CORAZÓN

*A*póyate en mi corazón. Quiero que escuches lo que pienso acerca de ti. Quiero que sientas lo que siento por ti. Mi corazón está sobrecogido de amor por ti. Apóyate en mí y escucha mi corazón. Mis pensamientos acerca de ti son buenos, y mi amor por ti es perfecto. Cuando te ves a ti mismo a través de mis ojos, a través de los ojos del amor y de la sangre de Cristo, recibirás fácilmente mi amor, para amarte a ti mismo y amar a otros. Apóyate en mi corazón.

SOFONÍAS 3:17; ISAÍAS 62:5; SALMO 147:11

→ ORACIÓN ←

Quiero oír lo que piensas de mí y sentir lo que sientes acerca de mí. Ayúdame a percibir tu presencia y a sentir tu amor hacia mí. Dame una revelación de este amor a medida que me apoyo en tu corazón.

EL PERFECTO AMOR
ECHA FUERA EL TEMOR

*N*O PERMITAS QUE el temor sea la primera respuesta ante las malas noticias. Cuando escuches cosas que te perturben, vuélvete a mí. Yo te señalaré a la verdad, y eso causará que la fe y el amor se levanten en tu corazón. Cuando mi verdad, mi fe y mi amor se levantan en tu corazón, ellos protegerán tu mente del espíritu de temor que está atacando tu alma. Cuando estás en Cristo, no hay razón para ponerte temeroso, por ninguna razón. Jamás. Permíteme darte una revelación de mi amor que vence.

JUAN 14:1; JUAN 14:27; 1 JUAN 4:18

→ ORACIÓN ←

Cuando recibo una mala noticia, cuando cosas malas me suceden a mí y a la gente que amo, recuérdame que tú estás conmigo. Recuérdame las Escrituras. Puedo pararme firme y combatir las emociones de temor que inundan mi alma. Recuérdame que todo va a salir bien.

AFÉRRATE A LA ESPERANZA

El Padre es capaz de usar cada fragmento de tu día malo, cada parte de tu pasado, cada momento de dolor y la persecución que has enfrentado, para tu beneficio. Nada de lo que enfrentes es demasiado para ti. Tú eres un vencedor. Nada de lo que enfrentes te sacudirá o romperá cuando la esperanza es el ancla de tu alma. Así que, aférrate a la esperanza en cada día malo, cuando atravieses por memorias del pasado, a través de experiencias dolorosas y en la persecución. El Padre usará cada situación en tu vida para tu bien.

Génesis 50:20; Romanos 15:13; Romanos 12:12

→ ORACIÓN ←

Me siento agradecido de que el Padre pueda sacar un bien de algo malo. Eso es un milagro, y es una verdad que me brinda esperanza. Tendré esperanza en tu amor. Tendré esperanza en ti. Pacientemente esperaré. Ciertamente hay un futuro y una esperanza que no será quitada. ¿Podrías activar la esperanza en mi corazón?

DAME TU ATENCIÓN COMPLETA

*N*o quiero competir con tu atención. Así que, por unos momentos, dame toda tu atención. No pienses acerca de los recados que tienes que hacer. No pienses en las llamadas de teléfono que tienes que regresar. No pienses en lo que tienes que hacer hoy. Simplemente siéntate en mi presencia. La gracia para manejar tu día estará disponible según la necesites. Yo soy tu gracia. Tengamos comunión por unos minutos y todo lo demás será más fácil.

Mateo 6:33; Lucas 10:38-42; 2 Corintios 9:8

→ ORACIÓN ←

Me sentaré en tu presencia y me regocijaré en ti. Ayúdame a colocar mi mente en ti durante este tiempo y dejar a un lado las preocupaciones persistentes de este mundo para que pueda buscar tu corazón y recibir tu gracia. Estoy dispuesto. Por favor, ayúdame.

SACUDE EL POLVO

SACUDE EL POLVO de tus pies. El enemigo de tu alma quiere verte estancado en el barro del rechazo, miedo y la falta de perdón. Pero ese no es mi plan contigo. Estoy llevándote a un lugar más amplio, tu tierra prometida. Personas y lugares a lo largo de tu jornada han querido entramparte en la arena movediza del enemigo. No mires a las personas ni los lugares. No mires a la cara de los que se interponen entre tu voluntad y mi voluntad para tu vida. Solo sacude el polvo de tus pies y bendícelos mientras vives y te mueves en Jesús.

MATEO 10:14; ISAÍAS 54:2; JEREMÍAS 1:8

⮞ ORACIÓN ⮜

Ayúdame a no tomar personal las palabras de personas que no son bondadosas. Dame un corazón para bendecir aquellos que me maldicen y orar por quienes tratan de retenerme. Quiero que te conozcan del modo en que yo te conozco.

PIENSA EN DIOS

¿**Q**ué fue lo primero que pensaste cuando te levantaste en la mañana? ¿Cuál fue el último pensamiento que cruzó por tu mente antes de irte a dormir? ¿Te acuerdas?

Nosotros queremos ocupar tus pensamientos. Queremos que los pensamientos de nuestro amor inunden tu alma cuando te acuestas y cuando te levantas. Queremos que medites en la Palabra de día y de noche para asegurar tu éxito. Queremos que hables de nosotros a otros y compartas nuestro amor con ellos. Pero tienes que conocernos primero. Piensa en nosotros, porque nosotros pensamos en ti.

Salmo 63: 1-8; Salmo 139:2; Salmo 1:2

✦ ORACIÓN ✦

Yo quiero lo que tú quieres. Ayúdame a considerar lo que pienso para arrancar de mis pensamientos lo que no está alineado a tu Palabra. Recuérdame las Escrituras que me enseñan sobre tu amor, tu misericordia, tu carácter. Yo decido meditar en ti.

8 de diciembre

CADA DÍA PUEDE SER UNA AVENTURA

SÉ QUE LA mayoría de las veces los días son rutinarios. Parecen ser lo mismo, lo mismo, lo mismo, y tú estás tras algo nuevo, diferente y emocionante. Pero yo te digo que cada día puede ser una aventura si te tomas el tiempo para escuchar mi voz y seguirme. La oración y la obediencia conducen a una vida de entusiasmo santo donde se cumplen los deseos santos. Tú tienes una parte que hacer en girar el mundo hacia Cristo. Ora y obedece, y los días rutinarios abrirán paso a días emocionantes. Mantén el cuadro grande en tu mente.

MARCOS 4:26-29; MATEO 10:8; HECHOS 17:6

⇥ ORACIÓN ⇤

¡Estoy listo para ir a una aventura santa contigo! Oraré y obedeceré. ¿Puedes aclararme lo que esperas que yo haga? Ayúdame a cambiar mi perspectiva de tal modo que pueda ver cómo aun los días rutinarios entran en tu plan.

PUEDO OBRAR MILAGROS A TRAVÉS DE TI

*S*I PUDE OBRAR milagros a través de Moisés, Josué, Sansón, Juan, Pedro y Pablo, puedo obrarlos a través de ti. Yo deseo ver mi poder manifestarse en tu vida para traer los "de repentes" por los cuales has orado para que se manifiesten. Deseo usarte para ayudar a otros a recibir los milagros que ellos esperan. Estudia la cantidad de milagros en la Biblia, y yo comenzaré a edificar tu fe y te ayudaré a apreciar los pequeños milagros que yo realizo a diario y que pasan desapercibidos. Abraza el ámbito de lo milagroso.

1 CORINTIOS 12:8-10; 1 CORINTIOS 12:28;
MARCOS 16:20

→ ORACIÓN ←

Aunque busco el reino de Dios y su justicia, quiero también moverme en el ámbito de lo sobrenatural para que tu nombre sea glorificado en la tierra. Remueve mi corazón y ayúdame a desarrollar la fe que obra milagros conforme a tu voluntad.

10 de diciembre

TODAS LAS COSAS SON POSIBLES

¿*P*OR QUÉ NO orar por lo que piensas que es imposible? Solo cambia primero tu forma de pensar. Todas las cosas son posibles para los que creen. Todas las cosas son posibles para el Padre. Nada es muy difícil para Él. Su mano no se ha acortado para salvar. Su oído está presto para ti. Él ama cuando te acercas al trono de su gracia y le pides por cosas que otros piensan que son imposibles, y que algunos no se atreven ni a pedir. Así que, mira tus imposibilidades como posibilidades en Cristo, y ora, pide, cree y recibe lo que el Padre ha planeado para ti.

LUCAS 1:37; HEBREOS 11:1-3; JEREMÍAS 32:17

✦ ORACIÓN ✦

Tu palabra dice que si tengo fe como un grano de mostaza, puedo decirle a una montaña que se mueva y se eche al mar y me obedecerá. Ayúdame a alinearme con tu Palabra y hablar tu verdad por mi boca en fe. Yo creo a tu Palabra

Entra en el océano de mi presencia

Quiero que entres en el océano de mi presencia tan profundamente que te ahogarías si yo no estoy ahí para encontrarte. Te has aventurado a salir de las aguas superficiales: hasta las rodillas y luego hasta tu cuello. Pero lo que yo tengo para ti es tan profundo que te verás inmerso completamente. Ningún esfuerzo de tu parte puede llevarte allí o mantenerte allí una vez entras en él. Lo que yo tengo para ti demanda que dejes todas las balsas salvavidas y te permitas caer profundamente en mi amor sin nada más que mi persona para sostenerte. Estoy esperando.

1 Corintios 2:10; Efesios 3:18; Salmo 5:7

✦ Oración ✦

Mi abismo clama a tu abismo. Llévame a lo más
profundo. Me abandonaré en tu amor y beberé
de tu gracia. Cuando tenga problemas, revélame
tu profundo amor y cuidado por mí. Mués-
trame la profundidad de tu amoroso corazón.

TE AYUDARÉ A CRECER FUERTE

*V*EO TUS DEBILIDADES. ¿Crees que ellas me molestan? Te estoy haciendo fuerte poco a poco. Mientras te observo ir firme hacia adelante cada día, tu perseverancia me bendice. Cada decisión correcta que tomas, cada paso que das en mi voluntad, me bendice. Yo no me enfoco en dónde estás; yo me enfoco en cómo llevarte al próximo nivel. Donde tú eres débil, yo soy fuerte. Así que, apóyate y depende de mí, paso a paso, día a día, y crecerás fuerte en Cristo.

ISAÍAS 41:10; EFESIOS 6:13; EFESIOS 3:16

✦ ORACIÓN ✦

Tú eres mi fuerza. En ti yo vivo, y me muevo, y soy. Por favor, dame la fuerza para continuar caminando en tu Palabra. Por favor, ayúdame a tomar las decisiones correctas alineadas con tu verdad. Sin ti no lo puedo hacer, pero contigo todo es posible.

PÍDELE A DIOS CUALQUIER COSA QUE NECESITES

*J*ESÚS HIZO UN camino al lugar santo para ti por su sangre derramada. Fuiste comprado por un precio. Y al Padre le complace sumamente darte el reino. Así que, acércate al trono de la gracia del Padre con confianza y pide por lo que necesitas. El Padre sabe lo que necesitas antes de que se lo pidas, y tiene regalos buenos para ti. Él quiere que le pidas porque quiere relacionarse contigo. Así que busca el corazón del Padre. Busca su rostro. Y no tengas miedo de pedirle a Él lo que sea. Él te ama.

1 CORINTIOS 6:20; LUCAS 12:32; MATEO 7:11

⤖ ORACIÓN ⤖

Padre, vengo ante tu trono ahora mismo con confianza, porque sé que me amas. Tú sabes lo que necesito antes de que te lo pida, sin embargo, te pido que me ayudes. Tú ves los problemas, y tú tienes las soluciones. Por favor, ven con tu poder y ayúdame.

14 de diciembre

Experimenta el poder de la gratitud

*E*L AGRADECIMIENTO ES un poder espiritual poderoso. Cuando ejercitas el agradecimiento a diario, comienzas a experimentar su poder. Así que, da gracias en las circunstancias buenas y malas. Agradécele al Padre en tu oración. Agradécele a Jesús por su sacrificio en la cruz por ti. El agradecimiento reanima tu alma, edifica tu espíritu, alivia tus preocupaciones y edifica tu fe. Sé pues agradecido en todas las cosas y experimenta el poder de la gratitud.

1 Tesalonicenses 5:18; Salmo 107:1;
Efesios 5:20

✛ ORACIÓN ✛

Gracias, gracias, gracias. Te daré gracias en todo tiempo, y tu alabanza estará de continuo en mi boca. Ayúdame a mantener una actitud de gratitud a pesar de las circunstancias externas, porque tú eres digno de recibir mi alabanza en todo tiempo.

ORA COMO UN
VERDADERO DISCÍPULO

*Y*o disfruto el ministerio de la intercesión. Me gusta escuchar tus oraciones. Amo verte cuando persistes en ver la voluntad del Padre cumplirse en la tierra así como en el cielo.

Jesús enseñó a sus discípulos a orar. Su oración no es una fórmula para contestar la oración, pero es un patrón para la oración con propósito que brinda resultados. Abre tu Biblia en la oración del Señor otra vez, y permíteme enseñarte cómo orar como un verdadero discípulo de Jesús. Descubrirás que la oración enriquece tus peticiones personales e intercesión y revela la voluntad del Padre en su tiempo, algunas veces en formas en las que nunca hubieras imaginado.

Mateo 6:9-13; Marcos 11:24; Lucas 18:1

✦ ORACIÓN ✦

Quiero ser más efectivo en la oración. Enséñame a orar. Dame revelación sobre la oración del Señor, y la abrazaré todos mis días. Muéstrame por qué orar, y seré un colaborador contigo en oración. Dame un espíritu de oración y una unción para orar más.

MANTÉN UN REGISTRO DE MIS PALABRAS Y TUS ORACIONES

Mis CONVERSACIONES CONTIGO son santas, así como yo soy santo. Nunca olvido las verdades que comparto contigo. Siempre recuerdo las oraciones que he hecho por ti. Yo las registro todas en mi corazón porque te amo.

¿Recuerdas nuestras conversaciones santas? Si escribes lo que te he compartido y guardas un registro de tus oraciones hacia mí, serás inspirado y animado cuando veas que las cosas que has pedido se cumplen. Escríbelas. Medita en ellas. Reflexiona en las respuestas a tus oraciones pasadas. Mantener y revisar nuestra comunicación fortificará tu fe y fortalecerá nuestra relación.

MALAQUÍAS 3:16; ISAÍAS 49:15; HABACUC 2:2;
SALMO 17:6

→ ORACIÓN ←

*Tu consejo siempre es sabio y tus motivos
siempre santos. Ayúdame a entrar en el há-
bito de escribir todo lo que me dices para que
cuando contestes mis oraciones, yo pueda
tener todavía más razones para adorarte.*

TE BENEFICIARÁS DEL SACRIFICIO DE TENER COMUNIÓN CONMIGO

*E*L TIEMPO QUE tú inviertes en tener comunión conmigo puede parecer en algunos días como un sacrificio. Y puede ser difícil para ti la transición de estar en mi presencia a un mundo agitado que no tiene en cuenta a Dios o al hombre. Pero entiende que durante nuestro tiempo de comunión yo te estoy dando gracia para lidiar con ese mundo agitado. Porque has mantenido tu corazón en mí, yo te estoy protegiendo de la maldad del mundo de tinieblas. El tiempo que inviertes en comunión conmigo, puede ser un sacrificio algunos días, pero cuando siembras en el Espíritu cosecharás muchos beneficios, incluyendo la vida eterna.

LUCAS 18:1; SALMO 91:4; GÁLATAS 6:8

⇢ ORACIÓN ⇠

¡Oh, cuánto amo tu presencia! Me sentaría ante tu presencia todo el día si pudiera. Ayúdame a aprovechar al máximo nuestro tiempo juntos. Ayúdame a reconocer el fruto de nuestra comunión y motivar mi corazón a dejar a un lado las cosas de niño.

TE ESTOY LLAMANDO A UN NUEVO NIVEL DE COMPROMISO

*H*AS SIDO CRUCIFICADO con Cristo. Te compraron por un precio. Tu vida no te pertenece. Entrégala y deja que Cristo viva a través de ti completamente. Vivirás una vida milagrosa si escoges este camino. Toma tu cruz, niégate a ti mismo, y síguele a Él. Él es digno.

Te estoy llamando a un nuevo nivel de compromiso por la causa de Cristo. Te estoy llamando a ser un sacrificio vivo y una epístola viva que hable de Jesús. Así que escoge el camino estrecho, y rechaza el espíritu del mundo que te tienta a seguir la concupiscencia de los ojos, los deseos de la carne y la vanagloria de la vida.

GÁLATAS 2:20; 2 CORINTIOS 3:2; 1 JUAN 2:16

✦ ORACIÓN ✦

Decido ahora mismo entregar mi vida y dejar que Cristo viva a través de mí. Pero sé que es una decisión diaria. Mi voluntad sola no es suficiente para caminar ese camino. Fortalece mi espíritu para ofrendarme como un sacrificio vivo para el Único que lo sacrificó todo por mí.

19 de diciembre

Te ayudaré a abundar en esperanza

*L*A FE ES la certeza de lo que se espera, y la convicción de lo que no se ve. Sé que algunas veces las situaciones parecen sin esperanza. Parece como si algunos de tus familiares y amigos nunca aceptarán a Cristo. Parece como si la presión nunca va a cesar. Parece ser que tus oraciones nunca serán contestadas.

Puedes estar seguro de que el Padre está obrando para lograr todas las cosas hermosas en tu vida. Él siempre está a tiempo. Nunca dejes de esperar. Cuando comiences a dejar de aferrarte a la esperanza frente a las circunstancias, vuélvete hacia mí, porque es por mi poder que la esperanza abundará en ti.

ROMANOS 15:13; ISAÍAS 61:3; ECLESIASTÉS 3:11

→ ORACIÓN ←

Tú me has dado el don de la fe y me has dado la esperanza como un ancla para el alma. Por lo tanto, tengo todo lo que necesito para creer, incluso para enfrentar lo que parece imposible. Recuérdame esa verdad cuando mi alma luche con la desesperanza.

NO DEJES QUE LA
CONVICCIÓN ROBE TU GOZO

*Y*o doy vida. Yo doy libertad. Y soy justo en mis convicciones de pecado, maldad e injusticia. Mis convicciones obran para dar vida, libertad y justicia a tu alma. Así que, cuando yo te traigo convicción, no dejes que tu convicción robe tu gozo. No dejes que te aflija. No dejes que te haga sentir como si yo estuviera en tu contra.

Entiende que yo he venido a iluminar aquellas cosas que obstaculizan nuestra relación, porque te amo. Entra en un acuerdo conmigo. Aléjate de las cosas que yo te muestro, y la sangre de Jesús te limpiará de todo pecado, maldad e injusticia.

JUAN 16:7; ROMANOS 8:1-2; 1 JUAN 1:9

→ ORACIÓN ←

Gracias por tu gracia y misericordia. No hay
otro como tú. Eres bueno conmigo aunque yo
no lo soy conmigo mismo. Ayúdame a perdo-
narme a mí mismo rápidamente como lo haces
tú cuando fallo en caminar en tu Palabra.

ESTABLECE TU VOLUNTAD PARA HACER LA VOLUNTAD DE DIOS

*T*u espíritu está dispuesto, pero tu carne es débil. Pero donde tú eres débil, yo soy fuerte. Yo te puedo ayudar a superar tu carne. Yo puedo fortalecer tu alma con mi amor.

Tu voluntad es poderosa, pero no es tan fuerte como la mía. Cuando estableces tu voluntad alineada a la mía, tú puedes superar cualquier cosa. No es con ejército ni con fuerza, sino por mí, el Espíritu de Dios. Así que, establece tu voluntad para hacer mi voluntad, pero depende de mí para ayudarte a lograrlo.

MATEO 26:41; 2 CORINTIOS 12:9-10;
ZACARÍAS 4:6

⟶ ORACIÓN ⟵

Mi carne es más débil de lo que yo quiero admitir, por lo que te doy las gracias por tu fuerza para superar cada debilidad mientras busco hacer la agradable, buena y perfecta voluntad del Padre en mi vida. Ayúdame a descansar y depender de ti y no de mi propia fuerza.

¿QUIERES VIVIR EN PAZ?

S i tú quieres vivir en paz, camina en paz, habla palabras pacificadoras, y piensa pensamientos de paz, entonces busca lo que yo deseo. Yo soy el Espíritu de paz. Si mantienes tu mente en lo que yo deseo, entonces vivirás en armonía conmigo y condenarás la naturaleza pecaminosa con sus deseos lujuriosos. Si tú me das las riendas de tu corazón, vivirás una vida de abundante paz sin importar lo que pase a tu alrededor.

ROMANOS 8:2-6; SALMO 26:2;
2 TESALONICENSES 3:16

✦ ORACIÓN ✦

Sí, quiero vivir en paz. Deseo tu paz. Me comprometo en mantener mi mente en las cosas del Espíritu en vez de las cosas de la carne. Espero experimentar tu paz. Te doy las riendas de mi corazón y te pido que me ayudes a estar enfocado en ti.

PROCURA EL AMOR SOBRE TODO

*E*L AMOR NUNCA deja de ser. Está bien procurar los dones espirituales, especialmente que puedas profetizar la voluntad del Padre a tu generación. Pero procura el amor. Los dones espirituales algún día cesarán, por lo que si pierdes tu tiempo enfocado en los dones espirituales a expensas de procurar el amor, estás perdiendo los beneficios espirituales. La fe para ejercitar mis dones espirituales de acuerdo con mi voluntad obra por amor. Así que procura el amor sobre todo lo demás, y confía en mí para usarte según mi voluntad.

1 CORINTIOS 12:7-11; 1 CORINTIOS 14:1;
1 CORINTIOS 13:8

→ ORACIÓN ←

Quiero caminar en lo sobrenatural, pero no a expensas de caminar en amor. Enséñame a cómo equilibrar al procurar tus dones, lo que prueba que Jesús está vivo, con mi búsqueda de tu amor. Enséñame a manifestar tus dones para la gloria de Cristo.

JESÚS TE TENÍA EN MENTE

Uando Jesús vino a la tierra a salvar al mundo, Él te tenía en mente. Cuando caminó por la tierra haciendo milagros de sanidad y liberación, te tenía en mente. Cuando estaba en el huerto de Getsemaní rindiéndose totalmente a la voluntad del Padre, te tenía en mente. Cuando colgaba de la cruz para redimirte de la maldición de la ley, para hacerse maldición por ti, Él te tenía en mente. Y Él te tiene en su mente y en su corazón ahora. Su amor por ti es perfecto.

JUAN 3:16; LUCAS 22:42; JUAN 19:30

→ ORACIÓN ←

Yo te amo Jesús. Gracias por pagar el precio por mis pecados. Gracias por liberarme del poder de las tinieblas. Gracias por recibirme en tu familia. Honro tu sacrificio en el Calvario y te pido que me des una revelación profunda de tu obra en la cruz.

Recibe el amor de Cristo

Jesús vino a buscar y salvar a los perdidos, y tú eres su favorito. Cuando recibiste a Cristo en tu corazón, tú recibiste la esperanza de gloria. Aunque Él ascendió a la diestra del Padre, su obra en ti no ha terminado. Él está siempre haciendo intercesión por ti, y Él quiere una íntima relación contigo.

Un día le verás cara a cara y serás como Él es. Hasta entonces, recibe su amor por ti, amor que lo motivó a poner su vida por ti. Honra a Cristo en tu corazón y con tus labios. Sé su testigo en la tierra.

Mateo 18:11; Hebreos 7:25; 1 Juan 3:2

→ Oración ←

¡Gracias Jesús por salvar mi vida! Ayúdame a glorificar tu nombre en la tierra. Dame poder para alcanzar a otros con la verdad que los hace libres. Dame la gracia para ser una epístola viviente. Me comprometo a levantar tu nombre en mi generación, para que todo hombre sea atraído a ti.

26 de diciembre

No te aferres a las relaciones

*A*LGUNAS VECES DEBEN venir separaciones. Una relación estrecha podrá durar una temporada, y aun así la conexión en el Espíritu permanece, pero la conexión del día a día cesa. Algunas veces, las relaciones estrechas te detienen de donde yo te estoy llevando, donde yo te quiero llevar. Algunas veces tus amigos no son llamados a ir donde tú estás yendo. Eso no quiere decir que tú los dejes atrás; solo significa que estás obedeciendo mi guía. Te reunirás con ellos al final. Así que no trates de aferrarte a relaciones a las que yo he ordenado como temporeras. Aférrate a mí.

ISAÍAS 43:18; SALMO 32:8; PROVERBIOS 4:25

→ ORACIÓN ←

Yo quiero tener los amigos en mi vida que tú quieras que yo tenga. Ayúdame a dejar ir las personas que sin saberlo me detienen de hacer tu voluntad o atrasan mi paso. Ayúdame a liberar la gente de la que tú me estás alejando.

27 de diciembre

TUS ORACIONES HACEN LA DIFERENCIA

*T*ú no siempre ves el impacto de tus oraciones intercesoras, pero yo sí. Yo te estoy diciendo la verdad: toda oración que tú haces a favor de tu familia, tus amigos, tu nación, los perdidos, la Iglesia, toda oración intercesora que haces, está liberando el poder del Padre en la tierra. Tus oraciones liberan ángeles. Tus oraciones mueven mi corazón para moverme en personas y en situaciones. Es posible que no puedas ver la diferencia, pero tus oraciones están haciendo una diferencia eterna. Sigue orando.

1 Timoteo 2:1-4; Efesios 6:18; Ezequiel 22:30

✦ ORACIÓN ✦

Yo creo en el poder de la oración. Guíame en una oración intercesora más profunda por las cosas que más le importan a tu corazón. Dame asignaciones de oración que traigan tu reino y tu voluntad a la tierra. Dame la perseverancia en la oración para que se cumpla tu voluntad.

SÉ CON OTROS LA CLASE DE AMIGO QUE SOY YO PARA TI

Yo soy tu amigo. Yo soy el amigo más unido que un hermano. Cuando tus otros amigos y familiares no te entienden, yo sí te entiendo. Cuando tus otros amigos están muy ocupados para ti, yo estoy aquí contigo. Si tus otros amigos te traicionan, yo permanezco fiel.

Busca ser con otros la clase de amigo que soy yo para ti. Está allí para ellos. Camina con ellos en sus tormentas. Edifícalos. Consuélalos durante el tiempo de necesidad. Y siempre señálales a Jesús. Eso es lo mejor que un amigo podría hacer jamás.

PROVERBIOS 17:17; PROVERBIOS 18:24; PROVERBIOS 27:9

✦ ORACIÓN ✦

Gracias por ser un amigo para mí, y por enseñarme lo que es realmente un verdadero amigo. Enséñame la gente que necesita un amigo y ayúdame a caminar con ellos, edificarlos y hablarles tus palabras de vida. Yo quiero ser un verdadero amigo para muchos.

ABRAZA LOS CAMBIOS DE RITMO QUE YO TE TRAIGO

*N*o vaciles en sacudir tu rutina de vez en cuando al enviarte nuevas oportunidades. Una vida enfocada es una vida poderosa, pero debes estar dispuesto a sacar tiempo para esos momentos especiales que vienen juntos de vez en cuando. No tengas miedo de salirte de tu horario y entrar en algo nuevo. Si yo lo traigo a tu camino o si te dirijo a ello, es bueno. Hay mucho en la vida que se compone de rutinas que van y vienen. Abraza los cambios de ritmo que yo te traigo. Pueden ser justo lo que necesitas para recibir una revelación fresca.

Josué 1:9; Efesios 2:10; 2 Timoteo 3:17

→ ORACIÓN ←

Ayúdame a ser lo suficientemente flexible cuando tú te estás moviendo y caminar por las puertas que estás abriendo, aun cuando los cambios parecen inconvenientes. No quiero mantener un estatus quo por el bien de un estatus quo. Quiero caminar en las cosas nuevas que tú tengas para mí.

SIGUE ORANDO POR
AQUELLOS QUE AMAS

Yo amo aquellos que tú amas aun más que tú. Veo cómo te dueles con ellos cuando ellos sufren. Me duele en mi corazón también. Veo cómo te gozas en sus victorias. Yo me gozo también. Veo tu preocupación por ellos y oigo tus oraciones por ellos. Sigue orando y sigue amando, pero ten en cuenta que nosotros los amamos a ellos más que tú. A través de tus oraciones y actos de amor, estás jugando un rol muy importante en sus vidas. Aun cuando ellos no lo aprecien, sigue orando. Estamos obrando en sus vidas.

ROMANOS 12:15; 1 TIMOTEO 2:1; GÁLATAS 5:13

✦ ORACIÓN ✦

Yo sé que tú escuchas mis oraciones sinceras por mi familia y amigos, y te agradezco que estés obrando para hacer algo bueno en sus vidas. Gracias por escuchar mi clamor de intercesión, aun por aquellos que todavía no te conocen.

¿ESTÁS LISTO PARA LO NUEVO QUE DIOS TIENE PARA TI?

*H*E AQUÍ QUE YO hago cosa nueva. ¿Estás listo para entrar a lo nuevo que el Padre ha preparado para ti? No tengas miedo de las cosas nuevas que vienen a tu camino en los días, meses y años venideros. Porque no importa lo que pase, a través de los tiempos buenos y momentos desafiantes, yo estoy contigo. Yo soy tu Consolador, tu Abogado y tu Intercesor. Así que adelante, mi amigo, porque estamos aquí para ti. Tú tienes la victoria en Cristo.

Isaías 43:19; Isaías 41:10; Deuteronomio 20:4

→ ORACIÓN ←

No puedo esperar para ver las cosas nuevas que estás haciendo en mi vida. Ayúdame a permanecer paciente y confiado en ti cuando las cosas comiencen a cambiar. Acuérdame no temer cuando las cosas parecen estremecerse. Pondré mi mente en el premio del supremo llamamiento de Dios en Cristo Jesús.